Radreiseführer

Lahnradweg

Genussmomente und lohnenswerte Schlenker für Reise-Radler und E-Bike-Entdecker

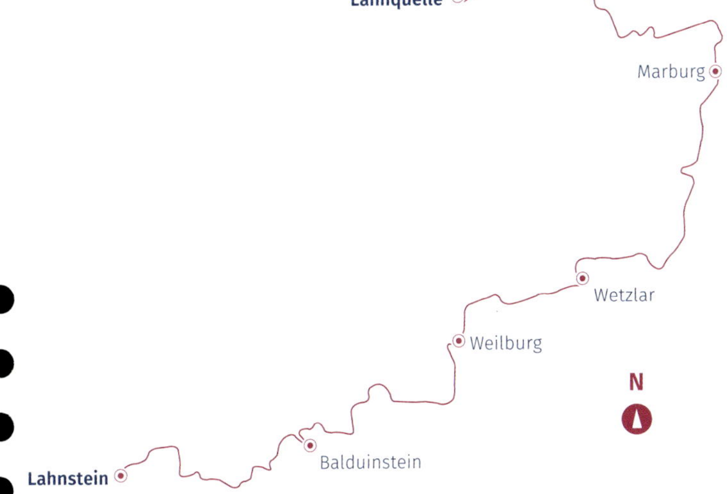

Der Lahnradweg

Von der Quelle bei Feudingen bis zur Mündung in den Rhein

Lasse den Alltag hinter dir. Nimm dir die Zeit – Fahr los, um etwas zu erleben und schreibe es nieder. Erinnere dich an deine Reise, an die Natur, die Städte und die Menschen, mit denen du die Momente geteilt hast.

Auftakt Seite 4
Vorbereitung Seite 12
Beschilderung & Wegecharakter Seite 26

Der Reiseführer ab Seite 28

1. Von der Lahnquelle nach Biedenkopf: Der Oberlauf.
Seite 30

2. Von Biedenkopf nach Marburg: Mittleres Lahntal.
Seite 42

3. Von Marburg nach Wetzlar: Burgen und Schlösser.
Seite 54

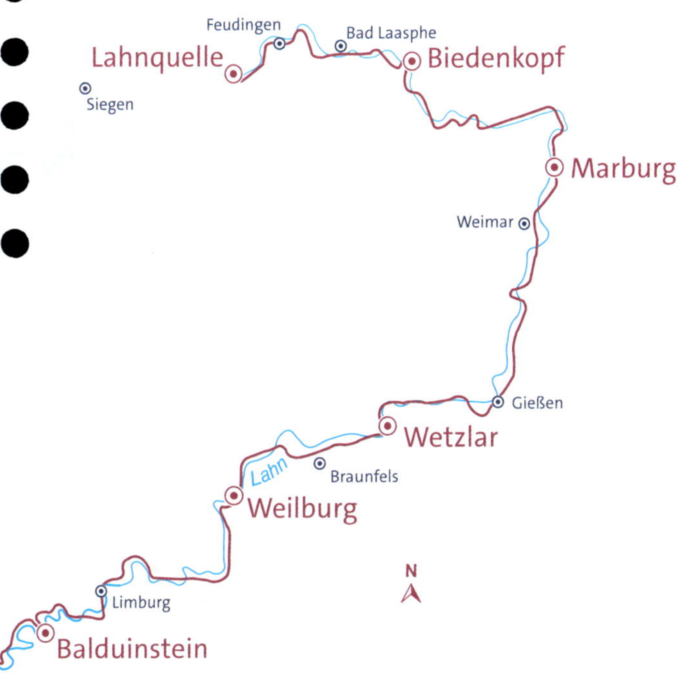

4. Von Wetzlar nach Weilburg:
Spannende Erlebnisse am Mittellauf.
Seite 74

5. Von Weilburg nach Balduinstein:
Romantisches Lahntal.
Seite 88

6. Von Balduinstein nach Lahnstein:
Spektakuläre Lahnschleifen.
Seite 110

Das Roadbook
Die Strecke ab Seite 136
Kapitelübersicht & Kartenlegende auf der hinteren Klappe

Zeit, den Akku aufzuladen
Tourist-Infos & weitere Reiseinformationen ab Seite 184

Die Extra-Tourenkarte
Landschaften und Sehenswürdigkeiten des Radwegs

Hoch thront der Limburger Dom über der Lahn

Die Lahn

Von den Höhen des Rothaargebirges bis zur Mündung in den Rhein mäandriert die Lahn auf knapp 250 km in unzähligen Schleifen durch Flussauen, Wiesen, Felder und muss sich im Unterlauf ihren Weg zwischen steilen, bewaldeten Hängen hindurch suchen. Spektakulär sind die Lahnschleifen zwischen Weilburg und Runkel sowie Diez und Lahnstein. Im Herbst verwandeln sich die Laubwälder in eine Farbsymphonie. Die Route ist gesäumt von trutzigen Burgen, Märchenschlössern, romantischen Fachwerkorten und eindrucksvollen Kirchen.

Blick auf die Burg Biedenkopf

Von der Quelle ins Obere Lahntal

Unscheinbar ist die Lahnquelle im Rothaargebirge, von dort geht es durch die Ausläufer des Rothaargebirges ins Gladenberger Bergland. Vom Radweg aus, der immer wieder die Uferseite wechselt, sieht man die schmale Lahn über terrassenförmige Stromschnellen rauschen. Zeugnisse früher Industrialisierung finden sich hier ebenso wie ehemalige Klöster. Von den Höhen über Bad Laasphe und Biedenkopf grüßen imposante Burgen, darunter ducken sich gut erhaltene Fachwerkstädte.

Marburger Landgrafenschloss

Alte Lahnbrücke Wetzlar

Burgen und Märchenschlösser

Schloss Weilburg, von der Lahn umflossen

Die Fahrt durchs mittlere Lahntal zwischen Marburg und Weilheim führt von einer Universitätsstadt zur nächsten: Die vielen Studenten in Marburg, Gießen und Wetzlar sorgen für Frische und Jugend in den Altstadtgassen. Nicht nur Badeseen locken unterwegs zur Pause, sondern auch nahe gelegene Schlösser und Burgen zu einem Abstecher ins Hinterland: Schloss Rauischholzhausen, Burg Staufenberg, die Burgen Gleiberg und Vetzberg und Schloss Braunfels gehören fast schon zum Pflichtprogramm auf diesem Abschnitt des Lahnradwegs.

Die berühmte Stadtansicht von Runkel

Wildromantisch zum Rhein

Dausenau

Immer enger rücken die bewaldeten Hänge an den Fluss heran. Auf die Lahnmarmorstadt Villmar folgt die Fahrt zu zwei der berühmtesten Ansichten der Lahn, nach Runkel und Limburg, wo der Dom auf einem Felsen über der Lahn thront. Und es wird noch enger auf dem Weg zum Rhein, tief hat sich der Fluss in die umliegenden Höhen eingeschnitten. Auf die romantischen Lahnorte Diez, Balduinstein und Dausenau folgt der mondäne Kurort Bad Ems, von dem es nicht mehr weit nach Lahnstein ist, wo die Lahn in den Rhein mündet.

Vorfreude...

Mit dem Zweirad aufzubrechen und aus eigener Kraft entlang des Radfernweges Land und Leute, Kultur- und Naturschätze zu entdecken, ist ein unvergleichliches Erlebnis. Damit dies gelingt, geben dir die nächsten Seiten eine Einführung zum Buch, wertvolle Tipps sowie Erfahrungswerte von Profis zu Tourenplanung und Checklisten. Außerdem gibt es hilfreiche Infos zur Beschilderung entlang des Radweges und zur Wegequalität.

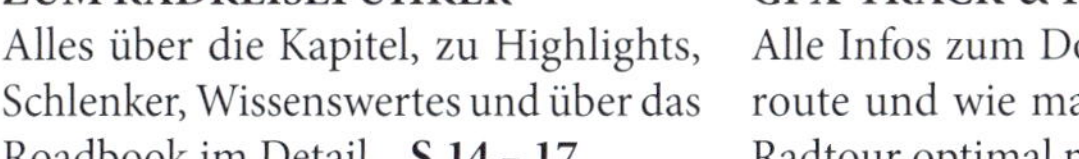

ZUM RADREISEFÜHRER
Alles über die Kapitel, zu Highlights, Schlenker, Wissenswertes und über das Roadbook im Detail... **S.14 – 17**

GPX-TRACK & TOURENPLANUNG
Alle Infos zum Download der Hauptroute und wie man seine persönliche Radtour optimal plant... **S. 18 & 19**

ANREISE MIT DEM ZUG
Umweltfreundlich, ohne Parkprobleme und zusammen mit Freunden. Alle Informationen... **S. 20 & 21**

EXPERTENTIPP
Erfahrungswerte, Spezielles zum Elektrorad und die Checkliste vor jeder Fahrt von den Profis... **S. 22 & 23**

EINGEPACKT
Erfahrene Radreisende folgen dem Grundprinzip „Weniger ist mehr“. Es gilt, den Spagat zwischen sinnvoller Ausrüstung und Gewicht bzw. Packvolumen zu meistern. Des Weiteren sollte systematisch und ausbalanciert gepackt werden. Es schafft Sicherheit und spart Zeit und Nerven. Die Checkliste...
S. 24 & 25

Zum Radreiseführer

Das Buch ist klar und einfach in zwei Teile gegliedert:
Reiseführer & Roadbook

Mit dabei sind ein Kontaktverzeichnis, eine große Extra-Karte und der GPX-Track zur Hauptroute.

Der Reiseführer und die Extra-Karte für den nötigen Überblick zeigen dir das „Rundherum" des Weges und nicht nur den Asphalt unter den Reifen. Hier werden die Stationen des Radwegs charmant beschrieben. Die Einteilung in **„Kapitel"** dient der großräumigen Orientierung. Dabei handelt es sich nicht um Empfehlungen für Tagesetappen. Die Wahl des Fahrrades, mit oder ohne Motorunterstützung, und konditionelle Unterschiede erfordern eine individuelle Etappenplanung.

Jedes Kapitel beginnt mit einem illustrierten Höhen- und Streckenprofil zur schnellen Orientierung. Die Beschreibung greift nach und nach den landschaftlichen Charakter und die Sehenswürdigkeiten entlang der Hauptroute auf und vermittelt auf diese Weise ein Gefühl für die Umgebung. Unterbrochen wird der Text durch farblich hinterlegte Infoboxen.

Highlights am Wegesrand: Diese sind im Haupttext hervorgehoben und mit blauem Symbol durchnummeriert (siehe oben rechts). In grünen Infoboxen mit der entsprechenden Symbol-Nummer wird das jeweilige Highlight detailliert beschrieben. Die Stadtpläne helfen bei der Orientierung an Ort und Stelle. Im Roadbook sind die Sehenswürdigkeiten mittels Symbol-Nummer verortet.

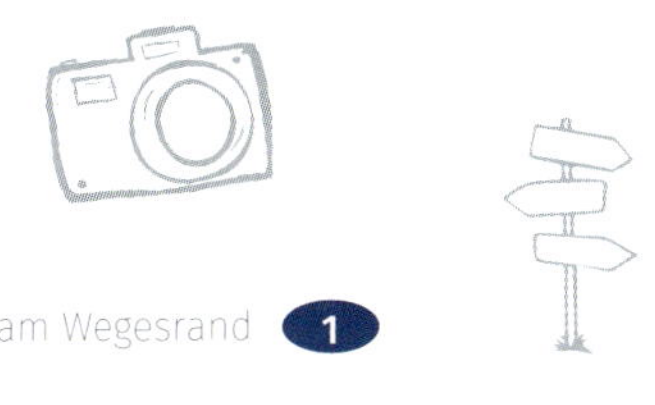

Highlights am Wegesrand 1

Lohnenswerte Schlenker 2

Wissenswertes im Gepäck

Lohnenswerte Schlenker: Neben den Highlights sind im Text auch abseits vom Radweg gelegene Sehenswürdigkeiten als Lohnenswerte Schlenker ausgewiesen. Denn häufig zahlen sich kleinere oder größere Abstecher von der Hauptroute aus, um interessante Orte und Geheimtipps fernab des Trubels für sich zu entdecken. Die Kennzeichnung im Text sowie in der dazugehörigen Infobox und im Roadbook erfolgt ebenfalls über die entsprechende Symbol-Nummer.

Wissenswertes über lokale und regionale historische, landschaftliche oder kulturelle Gegebenheiten wird an vielen Stellen in roten Infoboxen vermittelt. Am Ende eines jeden Kapitels folgt ein **Kulinarischer Abzweig**.

Roadbook: Detailkarten und exakte Wegbeschreibung

GPX-Track: die Hauptroute für die digitale Navigation

Extra-Karte: maximale Übersicht und Planungsinstrument

Das Roadbook enthält die Detailkarten mit eingezeichneter Hauptroute und die dazugehörige Streckenbeschreibung. Stellenweise können mehrere offizielle Varianten des Radwegs existieren. Unsere Autoren haben die schönste als Hauptroute gewählt und als rote Linie dargestellt. Es ist möglich, dass diese Route punktuell vom offiziellen Verlauf abweicht, um verkehrsreiche Abschnitte zu umfahren oder besondere Highlights entlang der Strecke aufzunehmen. Das Roadbook ist an die aktuellen Bedingungen rund um den Radweg angepasst. Die mittlerweile gute bis hervorragende Beschilderung der beliebtesten Radwege sowie die häufig offiziell erhältlichen Radwege-Apps und digitalen Wegverläufe erlauben es, das Roadbook auf das Wesentliche zu reduzieren und dadurch eine optimale Übersichtlichkeit zu erreichen.

Linien: Unsere Hauptroute wird als durchgezogene rote Linie abgebildet. Ausgewählte Varianten werden als rot gestrichelte Linie dargestellt. Lohnenswerte Schlenker entsprechen der grünen Linie und zweigen von der Hauptroute ab. Maßstabsbedingt können nicht alle Schlenker im Roadbook abgebildet werden.

Wegpunkte: Der Text und die Kartografie sind über die Wegpunkte miteinander verbunden. Schwarze Kreise mit weißer Zahl beschreiben die Hauptroute. Grüne Wegpunkte erläutern den Verlauf der Lohnenswerten Schlenker.

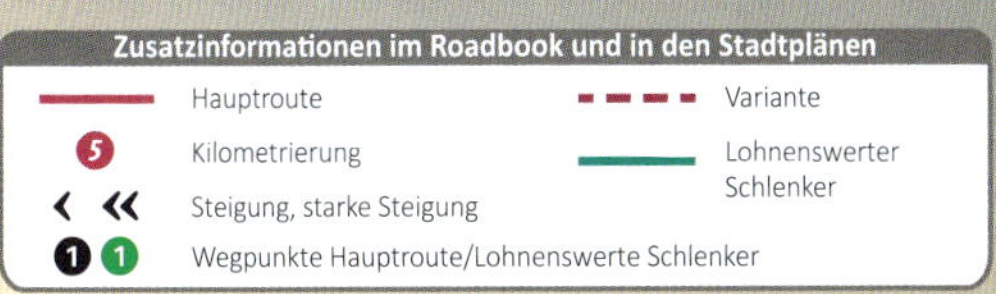

Kilometrierung: Die Hauptroute ist vom Start bis zum Ziel fortlaufend in regelmäßigem Abstand mittels weißer Kilometerangabe in rotem Kreis beschildert. An jedem Ort ist die bereits zurückgelegte Strecke problemlos ablesbar und die Anschlusskarte schnell gefunden. Steigungspfeile entlang der Route markieren steilere Abschnitte in oder entgegen der Fahrtrichtung.

Sehenswürdigkeiten: Soweit möglich, sind die im Reiseführer beschriebenen Highlights und Schlenker im Roadbook mit blauem Symbol und weißer Nummer verortet. Darüber hinaus enthalten die Karten viele weitere Hinweise zu touristischen Attraktionen und landschaftlichen Besonderheiten entlang des Radweges. Die vollständige Kartenlegende befindet sich auf der hinteren Klappe.

Aktuelles: Hochwasser- oder baustellenbedingte Umleitungen sind in der Regel gut ausgeschildert und werden ebenso wie die aktuellsten Verkehrsinformationen, Hinweise und Sicherheitsmaßnahmen auf den offiziellen Seiten des Radwegs und der Touristinformationen kommuniziert. Hilfreiche Adressen und Kontakte finden sich auf den nächsten Seiten und bei den Reiseinfos im Anhang.

GPX-Track & Tourenplanung

Den GPX-Track zur Hauptroute des Roadbooks gibt es hier zum Download:

www.kompass.de/gpx

Für die Planung einer Radtour und der einzelnen Tagesetappen sollte man sich genügend Zeit nehmen. Mache dich mit deiner Tour vertraut und wähle deine persönlichen Highlights aus. Dort wirst du bestimmt mehr Zeit verbringen wollen. Mit großer Sicherheit wirst du auch unterwegs auf den einen oder anderen Ort treffen, an dem du ungeplant verweilen möchtest.

Ohne große Erfahrung mit mehrtägigen Radtouren sollte man eher kürzere Etappen einplanen. Wenn man sein Konditionslevel nicht kennt, ist es hilfreich, vorab einzelne Tagesausflüge mit seinem beladenen Tourenrad zu unternehmen. Dabei sollte man möglichst ohne große Anstrengung fahren, da es auf die Ausdauer und nicht auf die Geschwindigkeit ankommt. So wird schnell klar, bei welcher durchschnittlichen Tages-Kilometer-Leistung die eigene Komfortzone liegt und was die Stärken und Schwächen des Rades und der Sitzposition sind. Des Weiteren gilt es, regelmäßig Pausen einzuplanen und evtl. einen Ruhetag an einem lohnenswerten Ziel.

Wie viele Kilometer schafft man? Pauschal kann dies nicht gesagt werden, da zu viele Faktoren eine Rolle spielen wie u.a. die eigene Kondition, das Gepäck, die zu überwindenden Höhenmeter oder auch das Wetter. Starker Gegenwind kann die Durchschnittsgeschwindigkeit halbieren. Mit dem E-Bike kann die Distanz schnell um 20-30% oder sogar 50% und mehr gesteigert werden. Eigene Probefahrten schaffen Gewissheit und helfen, die persönliche Durchschnittsgeschwindigkeit und eine realistische reine Fahrzeit exklusive Pausen für sich zu ermitteln. Damit ist die Tages-Kilometer-Leistung schnell berechnet. Die nachfolgende Auflistung zeigt Erfahrungswerte, also Tages-Distanzen in Abhängigkeit vom Konditionslevel für Radtouren in ebenem bis mäßig hügeligem Gelände, und dient der groben Orientierung:

<30 km = relativ einfach (Anfänger und Etappen mit Kindern)
30-40 km = gemütlich (häufige Pausen und größere Gruppen)
40-50 km = durchschnittlich (ab 50 km sind Sportliche schon gut dabei)
50-80 km = erhöhte Kondition (bereits nach leichtem Training machbar)
80-120 km = gute Kondition (mit viel Gepäck benötigt man für 120 km den ganzen Tag)
> 120 km = sehr gute Kondition

Plan B: Sollte man sich bei der Etappenlänge verplant haben, so stehen häufig regionale Fahrradtaxi-Unternehmen, Fähren, Bus und Bahn zur Verfügung (Kontakt über Touristinformationen und die offizielle Radwegseite). Im Notfall kann immer eine alternative Unterkunft gewählt werden.

Anreise mit dem Zug

Umweltfreundlich, mit Freunden als Gruppe und ohne Stau. Mit genügend Vorlaufzeit und Planung gelingt die An- & Abreise per Zug problemlos. Die Frage, wie man nach der Radtour das am Start abgestellte Auto erreicht, stellt sich erst gar nicht. Informationen bieten die folgenden Adressen.

Zentrale Service-Hotline der DB:

0180 6 99 66 33

(20 Cent/Anruf aus dem Festnetz, Mobilfunk max. 60 Cent/Anruf.)

Informationen zur Fahrradmitnahme, -versand und -miete. Sowie Buchung bzw. Reservierung von Tickets und Stellplätzen.

Zentrale Service-Hotline der ÖBB:

+43 (0)5 17 17

(Gebührenpflichtig. Die Höhe der Gebühr richtet sich ausschließlich nach dem jeweiligen Festnetz- oder Mobilfunkvertrag des Anrufers. Die ÖBB verrechnen keine zusätzlichen Kosten.)

Alle Informationen über die Mitnahme vom Fahrrad bei der Deutschen Bahn: www.bahn.de/p/view/service/fahrrad/bahn_und_fahrrad.shtml

Tipps der DB, um die Bahnreise mit dem Fahrrad zu erleichtern: www.inside.bahn.de/checkliste-fahrrad-mitnahme-bahn/

Informationen über die Fahrradmitnahme in den Zügen der Österreichischen Bundesbahnen: www.oebb.at/de/reiseplanung-services/im-zug/fahrradmitnahme

Der ADFC informiert zu allen Themen rund ums Rad: www.adfc.de/

Tipp vom Experten

Die Profis von Diamant blicken auf eine über 135-jährige Geschichte zurück. Für uns haben sie das Wichtigste zusammengeschrieben, damit die Fahrradtour gelingt.

Checkliste vor jeder Fahrt:

✓ Lenker und Vorbau kontrollieren
✓ Laufräder prüfen (Reifendruck, Befestigung etc.)
✓ Bremsen testen (Bremsbelag, Scheiben, Felgen etc.)
✓ Kettenspannung überprüfen
✓ Sattel (Sitz) und Sattelstütze kontrollieren
✓ Federung prüfen und Wartungsintervall checken
✓ Beleuchtung und Reflektoren sicherstellen
✓ Rahmen und Gabel begutachten
✓ Akku beim Elektrorad prüfen
✓ Pannenset & Kompatibilität kontrollieren

Die Länge einer Tagesetappe hängt von vielen Faktoren ab. Insbesondere von der eigenen Kondition, der Motivation, den Wetter- und Wegebedingungen und natürlich auch von den Wegbegleitern. Greift man auf ein Elektrorad zurück, sind weitere Faktoren zu beachten. Es ist sowohl vor Antritt als auch während einer Fahrt schwierig, die Reichweite der Akkuladung exakt vorherzusagen. Allgemein gilt jedoch:
Bei gleichem Unterstützungslevel des E-Bike-Antriebs: Je weniger Kraft du einsetzen musst, um eine bestimmte Geschwindigkeit zu erreichen (z.B. durch optimales Benutzen der Schaltung), umso weniger Energie wird der Antrieb verbrauchen und umso größer wird die Reichweite einer Akkuladung sein. Je höher der Unterstüzungslevel bei ansonsten gleichen Bedingungen gewählt wird, umso geringer ist die Reichweite.

Spezielles zum Elektrorad

- Ganz wichtig: Mach dir bewusst, dass andere Verkehrsteilnehmer womöglich nicht damit rechnen, dass ein Elektrorad schneller fahren kann als ein herkömmliches Fahrrad. Außerdem erhöht eine schnellere Geschwindigkeit das Unfallrisiko.
- Überlaste den hinteren Gepäcksträger nicht. Die maximal erlaubte Zuladung des hinteren Gepäcksträgers beträgt 20 - 25 kg.
- Reinige das E-Bike niemals mit einem Hochdruckreiniger. Die elektrischen Komponenten sind feuchtigkeitsempfindlich. Unter Hochdruck auftreffendes Wasser kann in Steckverbindungen und andere Teile des Elektrosystems eindringen.
- Akku vor längerer Nichtbenutzung auf bis etwa 60% aufladen (normalerweise 3 bis 4 LEDs der Ladezustandsanzeige). Nach 6 Monaten den Ladezustand prüfen. Leuchtet nur noch eine LED der Ladezustandsanzeige, Akku wieder auf bis etwa 60% aufladen.
- Es ist nicht empfehlenswert, den Akku dauerhaft am Ladegerät angeschlossen zu lassen.
- Wird der Akku längere Zeit in leerem Zustand aufbewahrt, kann er trotz der geringen Selbstentladung beschädigt und die Speicherkapazität stark verringert werden.

Eingepackt

Was muss mit? Diese Packliste beantwortet die Frage. Individuelle Anpassungen sind erforderlich, da jede Radreise einzigartig ist. Beutel und Packsäcke sorgen für Ordnung in den Packtaschen.

NAVIGATION
Kartenmaterial, Radreiseführer
Handy (Ladekabel, Akkus)
GPS-Fahrradcomputer (Ladekabel, Akkus prüfen)

ALLGEMEINES
Ausweise, Papiere, Telefonnummern
Reisedokumente
Bargeld / EC-Karte / Kreditkarte
Stift & Notizbuch
Stirnlampe / Taschenlampe (Ladekabel, Akkus prüfen)
Wasserdichte Schutzhüllen für Handy und Wertsachen
Powerbank (mobile Stromversorgung)

FAHRRADSPEZIFISCH
Tacho/Fahrradcomputer
Getränkeflasche / Schlauch-Trinksystem
Fahrradlicht vorne & hinten
Fahrradwerkzeug für Standardreparaturen & Flickzeug
Ersatzschlauch & Reifenheber
Luftpumpe, Lappen
Schloss
E-Bike-Ladegerät nicht vergessen!

NOTIZEN

KLEIDUNG & SCHUTZ
Tages- & Wechselkleidung
Gepolsterte Radunterhose
Leichte Isolationsjacke
Regenjacke und Regenhose
Schlafzeug, Badezeug
Radtourenschuhe
Wechselschuhe oder Sandalen
Sport-, Sonnenbrille (bruchsicher)
Helm (gesetzliche Helmpflicht in Österreich für Kinder unter 12 Jahren)
Unterhelmstirnband / -mütze
Schlauchtuch / Buff
Fahrradhandschuhe

REISEAPOTHEKE
Erste-Hilfe-Set (inkl. persönliche Medikamente)
Desinfektionsmittel, Mundschutz, Seife
Pflaster / Stretchverband
Sonnen- & Insektenschutz
Augentropfen
Ohrstöpsel

HYGIENE
Kulturbeutel (gepackt)
Duschgel & Shampoo
Zahnbürste & Zahnpasta
Reisehandtuch
Taschentücher

SONSTIGES
Ersatzbrille
Fotoapparat (Speicherkarte & Akkus prüfen)
Unterhaltung: Buch, Spielkarten, Zeitschrift…
Kopfhörer
Feuerzeug & Taschenmesser (mit Schere)
Spülmittel, Schwamm und Geschirrtuch
Campingausrüstung (falls erforderlich)
Geschirr & Besteck

Schilderwald... Wegecharakter Informationen

Die Beschilderung entlang des Radweges (ganz links das offizielle Logo).

Der Radweg ist durchgehend mit dem offiziellen Logo beschildert. Nahezu jede Kreuzung ist mit einem Wegweiser markiert. In Nordrhein-Westfalen ist dieser Rot, ansonsten Grün gefärbt. Da der Lahnradweg abschnittsweise parallel zu den Hessischen Radfernwegen R2 (Biedenkopf-Wallau bis Cölbe) und R7 (Gießen bis Limburg) verläuft, ist auf den entsprechenden Strecken der jeweilige Radfernweg mit ausgeschildert.

Die Wegequalität am Lahnradweg ist fast überall gut bis sehr gut. Der Bodenbelag der flussbegleitenden Route auf Radwegen sowie ruhigen Landstraßen ist meist Asphalt. Selten führt die Route über gut befahrbare unbefestigte Wald- und Feldwege. Der Radweg verläuft überwiegend eben und enthält nur kurze Steigungen (Eine stärkerer Anstieg existiert im Bereich Geilnau-Holzappel). Er ist für Anfänger geeignet. Darüber hinaus ist der Lahnradweg überwiegend anhängertauglich und familienfreundlich.

Sollte der Fluss Hochwasser führen, können einige Streckenabschnitte nicht befahrbar sein. Es wird empfohlen sich über die aktuellen Hinweise und Lahn-Pegel regelmäßig zu informieren.

Umfahrungen von Baustellen etc. sind in der Regel ausgeschildert und auf den offiziellen Seiten beschrieben (siehe rechts).

Aktuelle Wasserstände:
www.elwis.de/DE/dynamisch/gewaesserkunde/wasserstaende/wasserstaendeUebersichtGrafik.html.php?gw=LAHN

www.tourenplaner-rheinland-pfalz.de/de/hinweis/aktuelle-lahn-pegel/16683231/

Informationen:
Lahntal Tourismus Verband e. V.
Brückenstraße 2
35576 Wetzlar
Telefon: 06441-30998-0
Telefax: 03212-1239508
E-Mail: info@daslahntal.de
www.daslahntal.de/lahnradweg

Aktuelles zum Radweg:
www.daslahntal.de/radwandern/#c881

www.radwanderland.de/umleitungen

Der Lahnradweg

Von der Quelle bei Feudingen bis zur Mündung in den Rhein

Teil 1

Reiseführer

Der Oberlauf

Blick von der Lahn auf Biedenkopf

Lahnquelle
Biedenkopf

30 km Ab Quelle
20 km Ab Feudingen

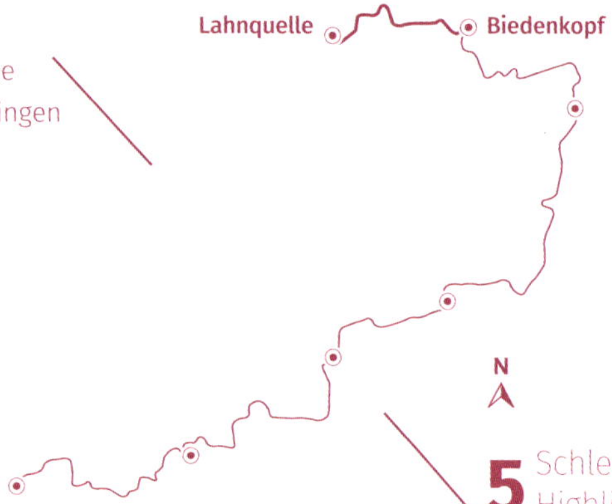

N

5 Schlenker & Highlights

Streckenprofil

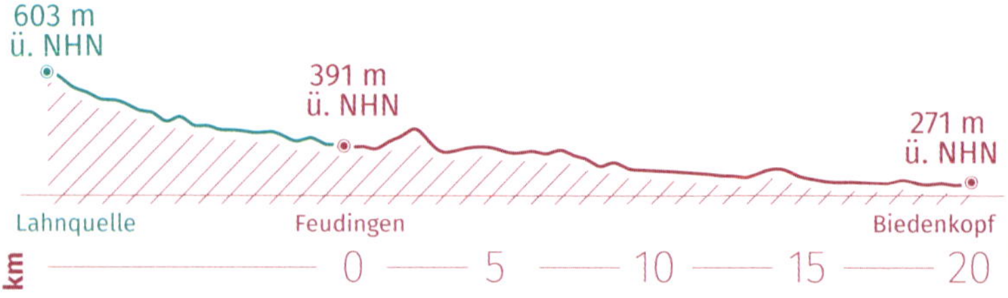

603 m ü. NHN
391 m ü. NHN
271 m ü. NHN

Lahnquelle
Feudingen
Biedenkopf

km 0 5 10 15 20

Auftakt: Durchs idyllische Ilsetal zur Lahnquelle

Die Lahnquelle liegt einige Kilometer entfernt vom nächsten Bahnhof, und so beginnt die Tour entlang der Lahn mit einer Rundfahrt von Feudingen zur Lahnquelle und zurück. Für die Fahrt vom Bahnhof Feudingen hinauf zur Lahnquelle entscheiden wir uns für das ruhige und idyllische Ilsetal, das für viele zu den schönsten Tälern des Wittgensteiner Landes zählt. Die Ilse, ein rechter kurzer Zufluss der Lahn, entspringt bei Heiligenborn unterhalb des Jagdbergs auf 675 m Höhe. Unterwegs auf ihrem mäandrierenden Weg entdeckt man immer wieder kleine, fotogene Kaskaden. Insgesamt

Die Lahnquelle

Feudingen im Rothaargebirge

sind es knapp 300 Höhenmeter bis zur Quelle der Lahn, die sich aber gleichmäßig über die Strecke verteilen. **Heiligenborn** im Ilsetal bietet mit seinen schönen Fachwerkhäusern einen Vorgeschmack auf die kommenden Tage voller Fachwerkromantik.

In leichtem Auf und Ab sind bald die Höhen im Süden des Rothaargebirges erreicht. Die Lahnquelle liegt auf dem Ederkopf-Lahnkopf-Rücken am 625 m hohen Lahnkopf. Die Lahn selbst entspringt unspektakulär in einem von Bäumen beschatteten kleinen grünen Tümpel auf 603 m Höhe, dem **Lahntopf**. Der Lahntopf liegt in der Ortslage Lahnhof, einer Ansammlung von drei Höfen auf einer Lichtung, darunter dem Gasthof Lahnhof und dem Forsthaus Lahnquelle, das Übernachtungsmöglichkeiten bietet. Früher wurde der Lahntopf ganz profan als Löschteich genutzt.

Die Fahrt beginnt!

Für den Weg zurück nach Feudingen folgen wir nun auf dem offiziellen Lahnradweg der jungen Lahn, es geht auf unbefestigtem Weg mit 6 bis 10 % Gefälle bergab. Unterwegs passieren wir **Glashütte** mit dem spektakulären Luxushotel Jagdhof Glashütte im Fachwerkstil. Über **Volkholz** führt der Radweg auf der rechten Seite der jungen Lahn nach **Feudingen**. Der einst selbstständige Ort ist heute ein Stadtteil von Bad Laasphe. Das nur am ersten Sonntag im Monat geöffnete Heimatmuseum Oberes Lahntal gibt einen Einblick in das regionale Handwerk um 1900. Eindrucksvoll ist die spätromanische Hallenkirche mit Ornamenten aus dem 13. Jh. und alten Fresken aus dem 15. Jh.

Der Lahnradweg verläuft weiterhin auf der linken Flussseite, führt über die Ilse und dann am Hang entlang bergauf und bergab Richtung Bad Laasphe, wo schon von weitem das hoch über der Lahn erbaute Schloss Wittgenstein grüßt. Wir erreichen die ersten Häuser von **Bad Laasphe** (1), wo ein erstes von unzähligen weiteren Malen die Lahn gequert wird. Der malerische, fast vollständig erhaltene Altstadtkern des Kurortes mit den Hauptachsen Königstraße und Wallstraße begeistert mit seiner Fachwerkromantik sowie zwei ungewöhnlichen Museen.

Die Stadt liegt am Südostrand des Rothaargebirges im Wittgensteiner Land. Viele Fachwerkhäuser wurden nach dem großen Stadtbrand 1683 erbaut.

Vom Lahnradweg ist es nicht weit zum **Schloss Wittgenstein** (2) (siehe Roadbook), eines der Wahrzeichen der Stadt mit einer schönen Aussicht auf den Oberlauf der Lahn und die Stadt. Die eindrucksvolle Schlossanlage liegt auf dem 470 m hohen Schlossberg von Wäldern umgeben über der Mündung der Laasphe in die Lahn. Ende des 12. Jh. wurde erstmals eine Burg „Widegensteyne“ an dieser Stelle erwähnt, die heutige Dreiflügelanlage ist insgesamt 125 m lang, die einzelnen Bauteile stammen aus verschiedenen Bauepochen, zumeist aber aus

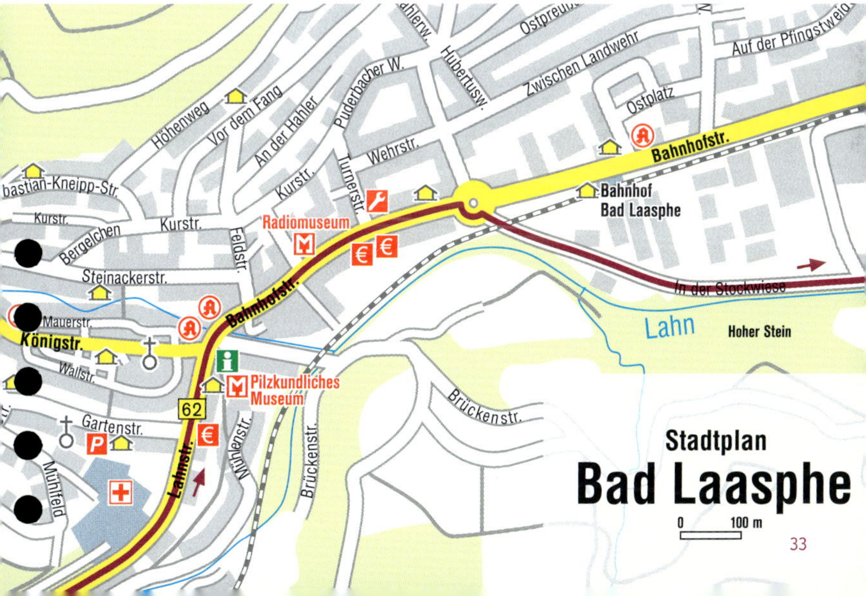

Highlight am Wegesrand 

Bad Laasphe

Tor zum Wittgensteiner Land

Das Kneipp-Heilbad Bad Laasphe blickt auf eine lange Geschichte zurück – bereits um 800 n. Chr. wurde es gegründet. Der ungewöhnliche Name der Stadt ist wahrscheinlich keltischen Ursprungs und leitet sich von „Lasaffa“ ab, was so viel wie „Lachswasser“ bedeutet.

Bis ins 19. Jh. schützte eine Stadtmauer mit 6 Türmen die Stadt, beim Bummel durch die hervorragend erhaltene Altstadt trifft man auf Reste von ihnen. Bad Laasphe ist auf dem Weg zum Rhein die erste von vielen weiteren malerischen Altstädten mit Kopfsteinpflaster, Fachwerkhäusern und hübschen Plätzen.

Die Keimzelle der ersten Siedlung war der heutige Kirchplatz, er liegt etwas erhöht auf einem Schwemmkegel. So gilt die evangelische Kirche als ältestes Gebäude der Stadt, einzelne Gebäudeteile wurden auf das Jahr 1230 datiert. Die traumhafte Fachwerkbebauung stammt zum größten Teil aus dem 17. und 18. Jh. An 19 Häusern in der Königstraße, dem Steinweg und dem Kirchplatz weisen Bronzetafeln auf wichtige historische Begebenheiten und bauhistorische Besonderheiten hin. Im Foyer des Hauses des Gastes lohnt sich der Blick auf ein Stadtmodell, das die Stadt um 1700 zeigt.

Schon Anfang des 20. Jh. reiste man wegen des reizarmen Mittelgebirgsklimas nach Laasphe. 1904 wurde die Stadt dann in die Liste der Luftkurorte aufgenommen, 55 Jahre später Kneipp-Kurort und 1984 Kneipp-Heilbad. Am Haus des Gastes startet der 1,5 km lange **Rundweg** durch den **Kurpark.** Ebenfalls am Haus des Gastes beginnt das 2 km lange **„Laaspher Bierwegelchen“**, das über die lange Brautradition informiert.

Gleich daneben befindet sich das **Pilzkundliche Museum**: Es stellt etwa ein Viertel der 4.000 in NRW vorkommenden Pilzarten mit Informationen zu Speisewert, Ökologie und Gefährdung vor.
www.pilzmuseum.de

Weltweit einzigartig ist das **Internationale Radiomuseum Hans Necker**, das eine faszinierende Sammlung von historischen Radiogeräten zeigt und über die technische Geschichte und Entwicklung dieses Massenkommunikationsmittels informiert. Rund 4.000 Radiogeräte umfasst die Sammlung, in der Dauerausstellung werden etwa 1.100 gezeigt.
www.internationales-radiomuseum.de

Schloss Wittgenstein und Bad Laasphe

der Renaissance und dem Barock. Das ehemalige Residenzschloss der Grafen von Wittgenstein wird heute in Teilen als Schule und Internat genutzt, zum Teil aber auch als Hotel.

Nach Verlassen des Ortes wird zweimal die Lahn überquert und schon lohnt sich erneut ein Halt, diesmal beim **Industriemuseum Trafostation Amalienhütte** 3 (siehe Roadbook)in **Niederlaasphe**. Die Amalienhütte ist eine ehemalige Eisengießerei, in dessen Transformatorstation sich heute ein kleines Museum befindet. Bis zu 500 Arbeiter produzierten hier Ende des 19. Jh. vor allem gusseiserne Öfen. Die Amalienhütte ging aus einem mit Wasserkraft betriebenen Hammerwerk hervor; schon früh wurde der eigene Strom erzeugt, bis 1965 trieben zwei starke Turbinen ein mächtiges Gebläse an, einen sogenannten Blower für den Kupolofen, daneben aber auch Drehbänke, Hobel-, Fräs- und Bohrmaschinen in der Reparaturwerkstatt.

Auf dem Gelände haben ehemalige Arbeiter einen kleinen Mühlenweiher

Industriemuseum Trafostation Amalienhütte

angelegt, dessen Wasser über zwölf kleine Wasserräder und Turbinen läuft, die u.a. eine Schlackenpoche, zwei Hammerwerke, eine Sägemühle, zwei Getreidemühlen und eine Schleiferei antreiben. So wird veranschaulicht, wie bedeutend die Wasserkraft für Handwerk und Industrie war. So ging auch die Amalienhütte aus einem mit Wasserkraft betriebenen Hammerwerk hervor.

Das Museum ist im Sommer am letzten Sonntag im Monat geöffnet.

Im Oberen Lahntal

Wir befinden uns im Oberen Lahntal, eine naturräumliche Einheit, die den Oberlauf der Lahn zwischen Bad Laasphe und dem Lahntaler Ortsteil Caldern im äußeren Norden des Gladebacher Berglandes umfasst. Das Tal prägen weitläufige Waldlandschaften, Felder und Wiesen, die malerisch von kleinen Bächen durchzogen werden.

Wallau (Lahn) ist der erste Stadtteil von Biedenkopf, es liegt schön am Fuß des Rothaargebirges.

Blick über Biedenkopf ins Obere Lahntal

Der Radweg führt in die **Industriesiedlung Ludwigshütte,** die am Standort eines ehemaligen Hochofens (bis 1886) und späteren Eisengießerei entstanden war. Die Ludwigshütte zählt zu den ältesten Eisenhütten in Mittelhessen, die mehrmals den Besitzer wechselte. Für den Bau der Umgehungsstraße wurden viele der alten Industriegebäude abgerissen. Erhalten blieben nur eine Direktorenvilla (Wittgensteiner Str. 18) von 1906 mit verglasten Loggien aus Fachwerk und einige Verwaltungsgebäude – heute „Hütter Treff“ (Hüttenstr. 3) von 1919.

In Ludwigshütte kann man die Lahn queren und sich zu einem schweißtreibenden Schlenker auf einen Aussichtsberg mit dem schönen Namen **Sackpfeife** 4 (siehe Roadbook) aufmachen. Genau 674 m hoch ist der Hausberg von Biedenkopf im Südteil des Rothaargebirges. Vom Lahntal geht es rund 300 Höhenmeter hinauf.

Der 25 m hohe **Kaiser-Wilhelm-Turm** markiert die höchste Erhebung der Sackpfeife, von seiner Plattform genießt man einen schönen Rundblick über die Höhenzüge des Rheinischen Schiefergebirges, den Naturpark Lahn-Dill-Bergland und das Marburger Land. Bei klarem Wetter sieht man den Fernsehturm auf der Angelburg (609 m), den Melibokus (517 m) im Odenwald, den Großen Feldberg (881 m) im Taunus, den Kellerwald, das Knüllgebirge, den Vogelsberg und in nördlicher und westlicher Richtung das Wittgensteiner Bergland.

Highlight am Wegesrand **5**

Biedenkopf

Fachwerkidylle am Fuß des Landgrafenschlosses

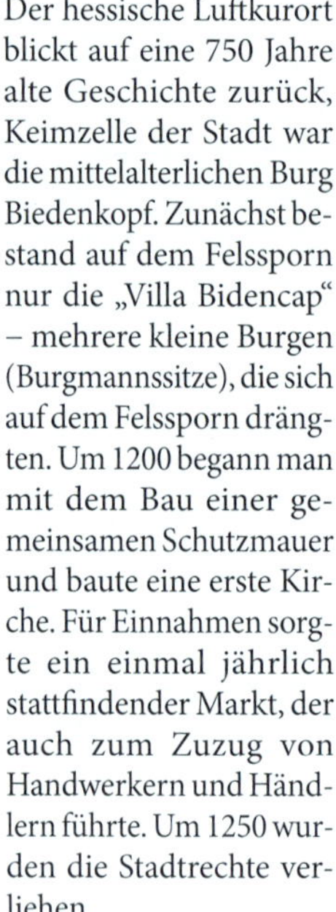

Der hessische Luftkurort blickt auf eine 750 Jahre alte Geschichte zurück, Keimzelle der Stadt war die mittelalterlichen Burg Biedenkopf. Zunächst bestand auf dem Felssporn nur die „Villa Bidencap" – mehrere kleine Burgen (Burgmannssitze), die sich auf dem Felssporn drängten. Um 1200 begann man mit dem Bau einer gemeinsamen Schutzmauer und baute eine erste Kirche. Für Einnahmen sorgte ein einmal jährlich stattfindender Markt, der auch zum Zuzug von Handwerkern und Händlern führte. Um 1250 wurden die Stadtrechte verliehen.

Heute dominiert das **Landgrafenschloss** das Stadtbild, es wurde Mitte des 15. Jh. erbaut. Ein bauhistorischer Rundgang erläutert die Besonderheiten des imposanten Bauwerks, das einmal als Witwensitz gebaut, als solcher aber nie genutzt wurde. Die eindrucksvolle Dachkonstruktion ist ein seltenes Dokument der Zimmermannskunst des 15. Jahrhunderts.

Das **Hinterlandmuseum** im Landgrafenschloss zeigt Handwerks- und Industriegeschichte der Region - Schwerpunkt ist die umfangreiche Trachtensammlung.

Stadtrundgang
Der zentrale Platz der Altstadt ist der **Marktplatz,** ein guter Startpunkt für einen Stadtrundgang. Hier steht auch die Hirschapotheke in einem Gebäude aus dem 17. Jh. Durch die Marienpforte, das ehemalige südliche Stadttor, betritt man die historische Altstadt. Die Stadtgasse führt zum **Alten Rathaus**, ein barockes Fachwerkgebäude von 1732.

Am Ende der Hintergasse erhebt sich der **Hexenturm**, der einzige erhaltene Turm der Stadtbefestigung. Sehenswert ist auch das **Schenkbarsche Haus** (bei der Kirche 8/9), das vermutlich älteste Haus der Stadt aus dem frühen 17. Jh. Es ist das einzige Haus Biedenkopfs, das alle drei Stadtbrände 1635, 1647 und 1717 unbeschadet überstand und danach auch nicht abgerissen wurde. Der Keller ist eine beeindruckende 4 m hohe romanische Halle aus der Zeit um 1180. Heute hat hier das **Ikonenmuseum Biedenkopf** seine Räumlichkeiten (Besichtigung nur nach Anmeldung).

Das Landgrafenschloss hoch über der Stadt

Wissenswertes im Gepäck

Ubbo Enninga

Der aus Biedenkopf stammende Bildhauer hat in seiner Heimatstadt fünf monumentale Skulpturen installiert, darunter El Niño, eine Bronzefigur, die in der Bleiche mitten in der Lahn kniet. Vom Lahnradweg biegt man auf Höhe des Sportplatzes nach links ab, quert die Lahn auf einem Steg und hält sich dann rechts.
www.ubbo-enninga.de

Altes Rathaus in der Oberstadt von Biedenkopf

Zu Füßen des Kaiser-Wilhelm-Turms befindet sich die tageweise bewirtschaftete Lahn-Eder-Hütte des Oberhessischen Gebirgsvereins (OHGV).

Alleine ist man nie auf der Sackpfeife, da es dort viele Vergnügungsattraktionen für Familien gibt, u. a. eine 480 m lange Sommerrodelbahn und eine Trampolinanlage.

Eine Zeitlang folgt der Radweg der Bahnlinie, quert diese dann und bietet schon bald einen ersten Blick auf **Biedenkopf** 5. Überragt wird die hübsche Altstadt vom Landgrafenschloss, das nicht nur wegen der historischen Gebäude, sondern auch wegen des fantastischen Blicks über das Obere Lahntal und die umliegenden Mittelgebirge unbedingt einen Besuch lohnt.

Essen, Trinken & Durchatmen

Ein kulinarischer Abzweig

Nach der Fahrt durch das Ilsetal bietet das **Forsthaus Lahnquelle** mit seinem schönen Biergarten köstliche Gerichte aus heimischern Naturprodukte, die nach altbewährten Rezepten zubereitet werden. Wert gelegt wird auf saisonale und regionale Zutaten: So stammen die Forellen aus dem eigenen Teich, das Kalbfleisch von einem nahen Bauernhof, das Wildfleisch aus dem Siegen-Wittgensteiner Land.

Forsthaus Lahnquelle
Lahnhof 1
57250 Netphen-Lahnhof
Tel. +49 2737 59 58-0
www.forsthaus-lahnquelle.de

Das **Restaurant Neue Krone** findet man unweit des Marktplatzes. Es ist schon lange in Familienbesitz und Restaurant, Brasserie und Café in einem. Spätaufsteher können zum Brunch kommen, es gibt eine variierende Mittagskarte und eine umfangreiche Abendkarte mit vielen Fisch-, Fleisch- und vegetarischen Gerichten. Bei passendem Wetter wird draußen auf der Terrasse gedeckt.

Restaurant Brasserie Café
Neue Krone
Hainstraße 5
35216 Biedenkopf
Tel. +49 6461 23 47
www.neue-krone-biedenkopf.de

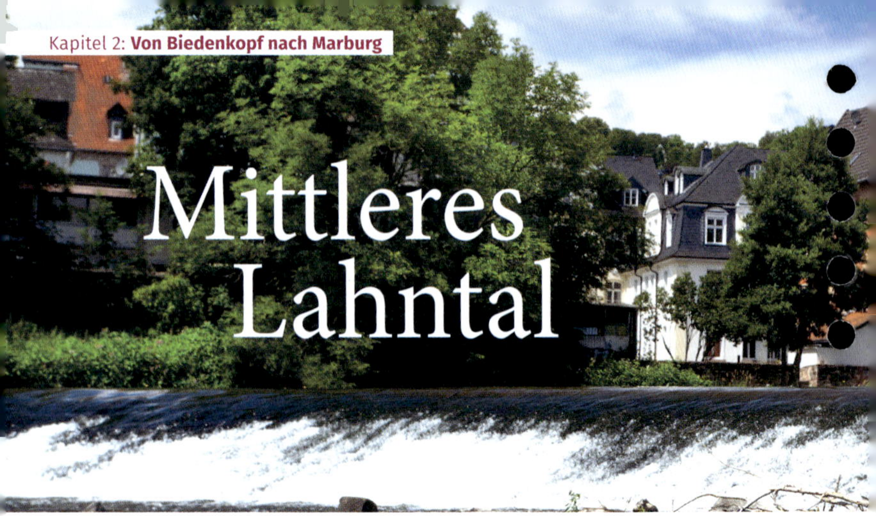

Mittleres Lahntal

Marburg – Blick vom Trojedamm über das Grüne Wehr hinauf zum Landgrafenschloss

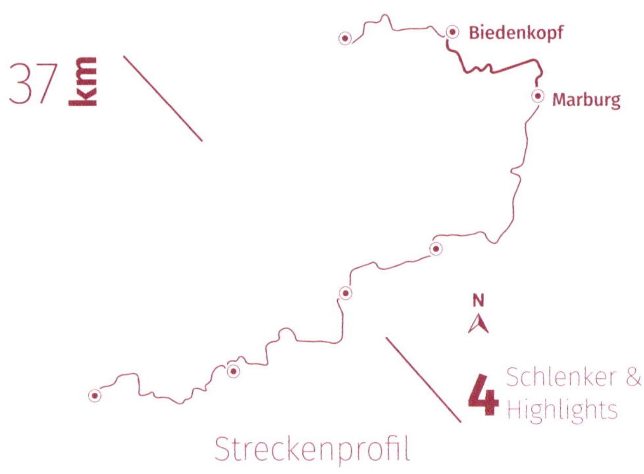

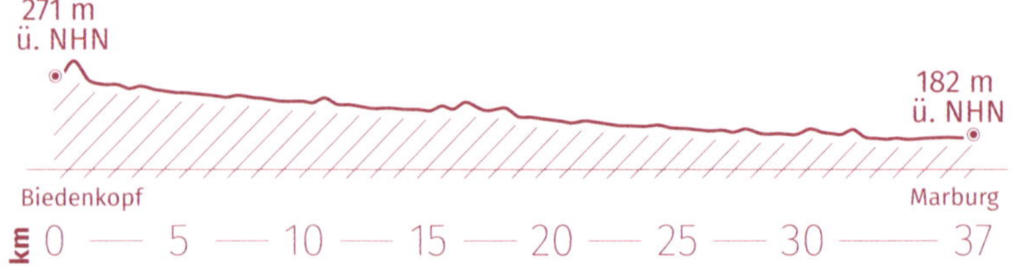

Vom Marktplatz in **Biedenkopf** geht es wieder hinunter zur Lahn, über den Fluss und auf dem Radweg weiter flussabwärts. Die Lahnschleife in der Stadt wird abgekürzt, stattdessen geht es nun beständig bergauf, durch dichten Buchenwald und mit Blick auf Altarme der Lahn. Nach dem Anstieg folgt der (steile) Abstieg Richtung Cölbe, dann wird's wieder flach. Erneut wird die Lahn gequert, an **Eckelshausen** vorbei verläuft der Radweg nun zwischen Bundesstraße und Fluss. Durchs breite Lahntal führt der Radweg vorbei an Feldern und kleinen Weilern. Auf Höhe von **Friedensdorf** wird erneut die Lahn gequert, die Route verläuft mal links, mal rechts der Bahnlinie Richtung Cölbe, über leichte Hügel und durch eine grüne Wiesenlandschaft bis **Kernbach**.

Nach einer Waldpassage erreichen wir **Caldern** 6. Der hübsche Ort mit seinen kleinen Fachwerkhäusern mit roten Dächern und Schieferfassaden erstreckt sich am Hang um das ehemalige Zisterzienserinnenkloster. Neben dem Besuch der spätromanischen Klosterkirche sollte man sich auch die historische Wassermühle anschauen. Und natürlich den Schlenker zum knapp 500 m hohen **Rimberg** mit dem 24 m hohen **Ringbergturm** 7 machen, von dem man einen herrlichen Blick ins Lahntal genießt. Mit der Fahrt durch Caldern endet auch die Fahrt durch das Obere Lahntal.

Hinein ins Mittlere Lahntal

In Caldern geht es wieder ans linke, nördliche Lahnufer und anschließend entspannt im Talboden durch Wiesen und Felder. Auf Sterzhausen folgen Goßfelden und Sarnau, hier folgt der Radweg der markanten Rechtsschleife, das Tal wird etwas schmaler.

Durch **Cölbe** folgt man der Hauptstraße durch den Ort, der Radweg

6 *Highlight* am Wegesrand

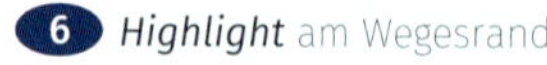

Caldern

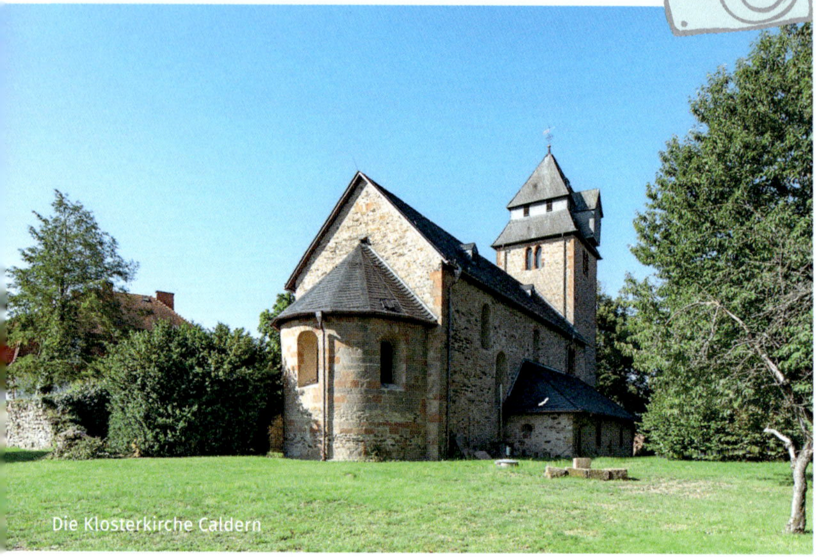
Die Klosterkirche Caldern

Der Ortsteil der hessischen Gemeinde Lahntal hat zwei Sehenswürdigkeiten: die Klosterkirche mit dem erhaltenen Teil der Klostermauer und die historische Wassermühle.

Das einstige **Zisterzienserinnenkloster** wurde in der 1. Hälfte des 13. Jh. gegründet, hier lebten bis 1527 Zisterzienserinnen. Die ehemalige Klosterkirche ist heute die Pfarrkirche St. Nikolai.

Die **Klostermühle** wurde 1389 erstmals erwähnt, 1527 ging sie mit Gründung der Universität Marburg in deren Besitz über und wurde von Erbleihmüllern betrieben. Die erste Turbine lief 1910, 1925 kam die Bäckerei dazu. Heute dient die Mühle noch immer der Bäckerei, sie mahlt für den Eigenverbrauch und verfügt über 5 Doppelwalzenstühle. *www.klostermühle-caldern.de/*

Weiter Blick vom Rimbergturm

Nur knapp verfehlt der Rimberg die 500-m-Marke – mit 497,1 m ist er der höchste Berg der Damshäuser Kuppen im Gladenbacher Bergland. Er ist ein beliebtes Ausflugsziel, da er sein Umland in östliche Richtungen weithin überragt. Auf dem Gipfel des Rimbergs steht der 24 m hohe Rimbergturm, er ist bereits der zweite Aussichtsturm auf dem Berggipfel. Der erste – ein Turm aus Holz – wurde 1971 bei einem Unwetter zerstört.

Der heutige Aussichtsturm hat vier Plattformen in 3, 9, 15 und 21 m Höhe, verbunden über eine Metalltreppe mit 105 Stufen.

Strecke von Caldern zum Rimbergturm: 4 km

wechselt erneut die Uferseite und verläuft entspannt etwa 5 km durch Felder und Wiesen in Richtung Marburg. Der Weg führt nun unter mehreren Brücken hindurch, immer unmittelbar neben der Lahn, wenn auch nicht immer idyllisch.

Und dann ist Marburg erreicht, der Radweg führt am Camping Lahnaue und dem Freizeitbad Aquamar vorbei. Entlang des Trojedadamms mit herrlichem Blick auf die Oberstadt folgen wir noch ein paar Meter dem rechten Lahnufer und verlassen erst auf Höhe des Studentenhauses/Mensa Erlenring den Radweg und queren die Lahn auf der kleinen Fußgängerbrücke neben den Lahn-Treppen – auch hier mit tollem Blick auf die Oberstadt und das alles überragende Landgrafenschloss.

In **Marburg** 8 sollte man sportlich sein: Prägend für die Altstadt ist ihre Lage am Schlosshügel, von oben wurde der Hügel nach und nach bis zur Lahn hinunter gebaut. Zwischen der Elisabethkirche im Tal und dem Landgrafenschloss liegen 100 Höhenmeter, die historische Altstadt wird daher auch von den Einheimischen „Oberstadt" genannt. Für den Aufstieg über die unzähligen Treppen und historischen Gassen entschädigen die immer

neuen Blickachsen und Perspektiven. Wem das nach einem Tag im Sattel zu anstrengend ist, kann mit einem der Oberstadtaufzüge zumindest die Höhenmeter auf die Hälfte reduzieren.

Mit seinen mittelalterlichen Fachwerkhäusern und den altehrwürdigen Kirchen gleicht der Bummel durch die Gassen einer kleinen Zeitreise in die Geschichte der Stadt. Von der Lahn geht es durch die mit Kopfstein gepflasterten Gassen und Straßen hinauf zum **Marktplatz** von Marburg. Der Marktplatz war und ist das Zentrum des politischen, kulturellen und gesellschaftlichen Lebens der Stadt. Eng geht und ging es immer in der Altstadt zu – genau das macht sie aber auch so faszinierend: Ein mittelalterliches Haus reiht sich neben dem anderen in den engen Gassen, jedes begeistert aufs Neue mit schönen Giebeln, Dächern, Erkern, Fenstern und Toreinfahrten. Fachwerkhäuser überwiegen, die wenigen Steinhäuser haben oft einen eigenen Namen wie etwa das Hochzeitshaus in der Nikolaistraße 3 oder das Steinerne Haus am Marktplatz. Das Denkmalamt listet 700 historische Häuser, zumeist zwischen dem 14. Jh. und Mitte des 19. Jh. gebaut.

Einen besonders schönen Blick auf diese einzigartige Lage Marburgs bietet der Abstecher auf den 380 m hohen **Ortenberg**, der höchsten Erhebung der Lahnberge. Vom **Kaiser-Wilhelm-Turm** 9 – im Volksmund auch Spiegelslustturm genannt – genießt man einen fantastischen Blick über das Lahntal auf die Altstadt. Bei guter Fernsicht reicht der Blick von der Aussichtsplattform bis zum Feldberg im Taunus, Kahlen Asten im Sauerland und Wasserkuppe der Rhön.

8 *Highlight* am Wegesrand

Marburg

Zwischen Lahn und Schloss

Die Universitätsstadt Marburg zählt zweifellos zu den schönsten Städten Hessens: Die Stadt zieht sich von der Lahn über die Altstadt zum Schloss hinauf, die 109 Höhenmeter lassen sich wahlweise zu Fuß über 400 Treppenstufen oder mit zwei Aufzügen überwinden. Beherrscht wird sie vom imposanten Landgrafenschloss, dem Wahrzeichen der Fachwerkstadt.

Altstadtrundgang

Ein Rundgang durch die Altstadt beginnt an der **Alten Universität am Lahntor**. Hier stand vorher ein Dominikanerkloster, das 1527 säkularisiert wurde und danach von der damals neugegründeten Universität genutzt wurde. 1872 wurden die bestehenden Gebäude abgerissen und im damals angesagten neogotischen Stil neu gebaut.

Von der Alten Universität geht es an der Kilianskapelle vorbei hinauf zum Marktplatz. Die **Kilianskapelle** ist Marburgs älteste Kirche – sie sieht heute noch so aus wie bei ihrem Bau vor 800 Jahren. Gebaut wurde sie Ende des 12. Jh. im romanischen Stil als Marktkapelle, sie ist das älteste erhaltene

Blick über die Elisabethkirche zum Landgrafenschloss

Gebäude der Marburger Kernstadt. In den nachfolgenden Jahrhunderten wurde das Gebäude ganz unterschiedlich genutzt: als Stadtwaage, als Zunftstube der Schuhmacher, ab 1545 als Backhaus, später auch zeitweise als Schweinestall, Schule, Waisenhaus und Gestapo-Quartier.

Der **Markplatz** wird von mehrstöckigen Fachwerkhäusern umrahmt. Was heute begeistert, war einst ein Wettstreit zwischen den reichen Marburger Bürgern, die sich hier im späten Mittelalter gegenseitig mit ihren Häusern übertrumpfen wollten. Blickfang des Platzes ist das **Rathaus,** das am unteren Ende des Platzes steht. Um den markanten Höhenunterschied auszugleichen, hat es ein ungewöhnlich hohes, gewölbtes Untergeschoss.

Das älteste Gebäude am Platz ist aber das **Steinerne Haus** mit dem Trauzimmer. Seinen Namen verdankt es seiner Bauweise in Stein – um 1320 ein eher ungewöhnlicher Baustoff für ein Wohnhaus. Zu jeder vollen Stunde gibt es hier ein amüsantes Schauspiel: Dann hebt der Gockel auf dem Renaissancegiebel des Rathauses zum Trompetensignal des Boten seine Flügel.
Vom Marktplatz folgt man der Barfüßerstraße und dann der nur 100 m langen Wendelgasse bergan. Am Ende einer engen Wendeltreppe steht man auf dem **Lutherischen Kirchhof**. Die um 1200 als romanische Kirche erbaute **Stadtpfarrkirche St. Marien** wurde im 14. Jh. zu einer gotischen, dreischiffigen Hallenkirche umgebaut, im Stadtbild erkennbar ist sie am Kirchturm mit der schiefen Haube.

Oberhalb der Kirche beginnt der lange Aufstieg über eine Treppe zum **Landgrafenschloss** auf dem Schlossberg. Eine erste Burg stand hier um 1000, das Schloss, so wie es sich heute präsentiert, stammt aus dem 13. und frühen 14. Jh. Landgraf

Heinrich I., Enkel der heiligen Elisabeth, baute es sich als Residenz.

Mit seinen 420 m² ist der gotische **Fürstensaal** der größte gotische Profansaal Deutschlands. In der 1290 geweihten **Schlosskapelle** finden sich noch der Originalfußboden aus glasierten Tonfliesen und große Teile der ursprünglichen Wandmalereien. Von den **Balustraden** im Außenbereich genießt man einen spektakulären Blick auf Marburg und das Lahntal. Ruhiger geht es im angrenzenden Schlosspark zu.

Vom Schloss geht es über den Hainweg und Roten Graben wieder bergab zur **St.-Elisabeth-kirche**. Sie gilt als erste rein gotische Kirche Deutschlands. Der Deutsche Ritterorden errichtete sie über dem Grab der heiliggesprochenen Elisabeth von Thüringen, die Marburg 1228 als ihren Witwensitz gewählt hatte. Die Kirche wurde daher zu einem vielbesuchten Ziel von Wallfahrern und Pilgern. Zu den Schätzen der Kirche zählen die farbigen Glasfenster des Hauptchores, die Szenen aus dem Leben und Wirken der heiligen Elisabeth zeigen. Der goldene Elisabeth-Schrein ist reich mit Edelsteinen verziert. Der Deutsche Ritterorden baute sich 1234 neben der Kirche das **Deutsche Haus**, die Marburger Niederlassung

Details der St.-Elisabeth-Kirche

Fantastischer Blick über Marburg und das Lahntal

des Ordens. Einen besonders schönen Blick auf die Elisabethkirche und das dahinter liegende Landgrafenschloss bietet sich von der Rosenparkbrücke.

Brückenvorstadt Weidenhausen
Weidenhausen zählt neben der Oberstadt zu den ältesten Bereichen der Stadt. Hier siedelten im 13. Jh. die Gerber und Färber, die die Nähe zum Wasser brauchten. Zu den schönsten Straßen zählt die Weidenhäuser Straße: Dicht drängen sich hier die Fachwerkhäuser in der malerischen Gasse.

Museen
Marburg bietet interessante Museen: Der größte Teil des Schlosses wird heute von der Dauerausstellung der kulturgeschichtlichen Sammlung der Universität genutzt, u. a. mit den Themen sakrale Kunst, Landesherrschaft, Bürgerliches Wohnen sowie Keramik vom Mittelalter bis zur Gegenwart.

Das **Mineralogische Museum** zeigt im Alten Kornspeicher des Deutschordens Mineralien, Edelsteinrohproben und Meteoriten.

Das **Haus der Romanik** erinnert an den Romantischen Freundeskreis in Marburg, zu dem u.a. Clemens und Bettina Brentano, Friedrich Carl von Savigny und die Brüder Grimm gehörten.

Ebenfalls lohnend ist das **Kunstmuseum** mit Vertretern der klassischen Moderne wie Paul Klee und Wassily Kandinsky.

Der auf den Lahnbergen gelegene **Botanische Garten** zählt zu den größten seiner Art in Deutschland.
www.marburg.de

Lohnenswerter Schlenker **9**

Wegstrecke von Marburg zum Kaiser-Wilhelm-Turm: 3 km

Kaiser-Wilhelm-Turm

Zwischen Lahn und Schloss

Viele Namen
Anfang des 19. Jh. ließ der Kanzleibeamte Köhler auf den Lahnbergen einen Ausblick freischlagen – die Einheimischen nannten den Aussichtspunkt allgemein „Köhlers Ruhe". Wenige Jahre später ließ Werner Freiherr von Spiegel zum Desenberg hier einen Pavillon bauen – das beliebte Ausflugsziel hieß bald „Spiegelslust". Rund 50 Jahre später plante ein Turmbaukomitee einen Aussichtsturm, der – mit 29 m Höhe fast fertig – in der Nacht vom 12. auf den 13. März 1876 bis auf den Sockel einstürzte. Der Neubau wurde 1890 als „Kaiser-Wilhelm-Turm" eingeweiht.

Gute Idee
Im Dezember 2006 wurde am Turm die **Lichtinstallation Siebensiebenzwölfnullsieben** der Marburger Künstlerin Helmi Ohlhagen angebracht: Durch einen Anruf bei der (kostenpflichtigen) Telefonnummer 09005-771207 wird das Lichtbild aktiviert. Die Nettoeinnahmen kommen gemeinnützigen Einrichtungen zugute.

Schlechtes Omen
Unter Marburger Studenten herrscht der Aberglaube, dass derjenige, der den Turm vor Bestehen des Physikums (Mediziner), Vordiploms oder sonstiger Zwischenprüfungen besteigt, diese Prüfung niemals bestehen wird.

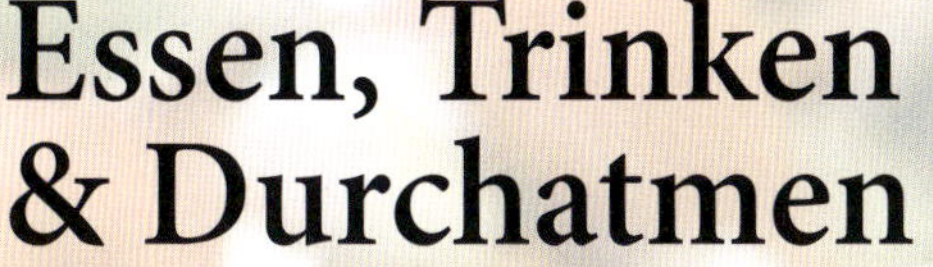

Essen, Trinken & Durchatmen

Ein kulinarischer Abzweig

Das familiengeführte **Hotel und Restaurant Orthwein** im Marburger Vorort Cölbe liegt direkt am Lahnradweg. Das hübsche Fachwerkhaus ist hervorragend renoviert worden und bietet in seinem Hotelrestaurant gutbürgerliche deutsche Küche. Neben Fleischgerichten findet man auch fleischlose (Fisch) und vegetarische Gerichte. Bei schönem Wetter ist draußen im Hof gedeckt.

Hotel-Restaurant Orthwein
Kasseler Straße 48
35091 Cölbe (Marburg)
Tel. +49 06421 98 61-0
www.hotel-orthwein.de

Das Rad sollte man für den Besuch des Traditionsrestaurants lieber an der Lahn stehen lassen, denn der Aufstieg in die Oberstadt hat es in sich. Das **Restaurant Bückingsgarten** gibt es seit 1701 – hoch über den Dächern von Marburg. Vom großen Biergarten bietet sich ein herrlicher Blick auf das Landgrafenschloss und die historische Oberstadt. Die Küche ist bodenständig, saisonal abgestimmt und regional.

Restaurant Bückingsgarten
Landgraf-Philipp-Straße 6
35037 Marburg
Tel. +49 6421 165 77 71
www.bueckingsgarten-marburg.de

Burgen und Schlösser

Lohnenswerter Schlenker – Burg Gleiberg

54 km

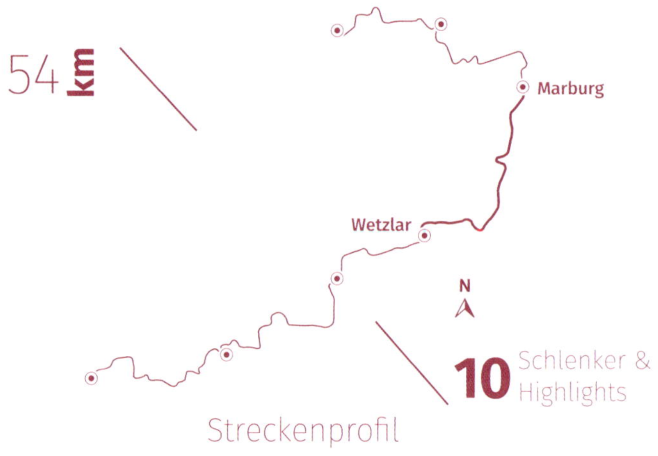

10 Schlenker & Highlights

Streckenprofil

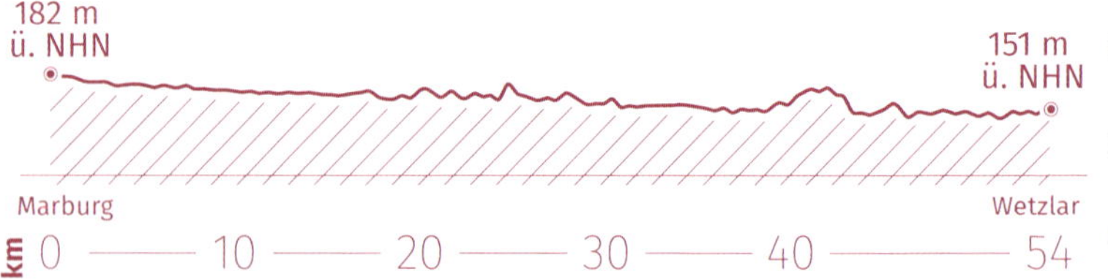

Von Unistadt zu Unistadt
Nach dem Besuch der Marburger Altstadt geht es zurück auf die linke Lahnseite und entlang des Trojedamms aus der Stadt hinaus: Schöne Häuserfassaden und die Staustufe mit Mühle laden nochmals zum Halten ein. Für einen letzten Fotostopp empfiehlt sich der **Hirsefeldsteg**: Die Aussicht auf das Lahnwehr mit der Altstadt im Hintergrund macht die Fußgängerbrücke zu einem der besten Fotospots der Stadt! Vorbei am Hallen- und Freibad Aquamar und dem Campingplatz Lahnaue verlässt man das Stadtgebiet und radelt durch die Wiesen.

Nach der Bahnunterquerung bietet sich an der Autobahnunterführung der etwas längere Schlenker zum **Schloss Rauischholzhausen** 10 an, ein schlossartiger Gebäudekomplex mit schmuckem Fachwerk und vielen Türmen auf einer Anhöhe über dem gleichnamigen Dorf. Im 13. Jh. stand an der Stelle des heutigen Burgteiches eine Wasserburg, ab 1873 wurde das heutige Schloss errichtet.

Erneut wird die Uferseite gewechselt, wir passieren den Ort **Gisselberg** und kommen nach Niederweimar mit dem **Badesee Niederweimarer See**.

Von dort geht es an einer Kiesgrube vorbei und in einem kurvigen Verlauf durch die Felder weiter nach **Weimar-Argenstein**. Dort entsteht nördlich des Ortes das Museumsprojekt **Zeiteninsel – Archäologisches Freilichtmuseum Marburger Land** 11 . Fünf Zeitstationen von der Mittel- und Jungsteinzeit über die Bronze-, Eisen- und frühe Römerzeit nehmen Besucher mit auf eine Zeitreise in die Vergangenheit. Es gibt Gebäudemodelle, aber auch Felder und Gärten mit zeittypischen Nutzpflanzen sowie natürlicher Vegetation, dazu ein umfangreiches Veranstaltungsprogramm.

Lohnenswerter Schlenker  10

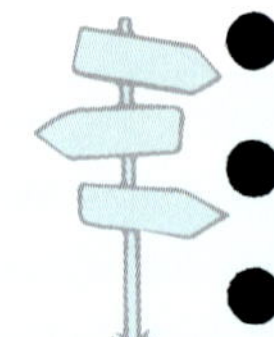

Schloss Rauischholzhausen

Steht man vor dem Schloss, fühlt man sich wahlweise in der Filmkulisse eines englischen Spielfilms oder in einer Szene aus einem Grimmschen Märchen.

Die Anlage aus dem 19. Jh. liegt in einem englischen Landschaftspark mit Bachläufen, kleinen Brücken und imposanten Baumriesen. Wen wundert es, dass das romantische Bauwerk zu den beliebtesten Fotospots in Marburg und Umgebung zählt?

Zweimal im Monat wird im Schloss-Café zu einem klassischen, englischen Afternoon-Tea in den stilvollen Speiseräumen geladen. Gebaut wurde das heutige Schloss im Ebsdorfer Grund von der Familie Stumm aus dem Saarland. Sie besaß mehrere Eisenhütten und zählte zu dem sog. „Industrieadel" des 19. Jh. Alles sollte neu sein und so riss man die alte Wasserburg, den Wirtschaftshof und die Zehntscheune ab und baute das hochherrschaftliche Schloss, ergänzt um „gemeinnützige" Gebäude wie Kirche, Gemeindehaus, Molkerei und Altersheim.

1945 gingen Schloss und Park an das neugegründete Land Hessen über, das es wiederum der Gießener Universität zur Nutzung überließ. Seit 1949 ist es Tagungs- und Fortbildungsstätte der Universität Gießen und des Bildungsseminars Rauischholzhausen. *www.uni-giessen.de*

Schloss Rauischholzhausen

Zeitinsel

Archäologisches Freilichtmuseum Marburger Land

Ein Freilichtmuseum im Aufbau… aber jetzt schon spannend!

Die Idee hinter dem Projekt: Fünf Zeitstationen und das „Insel-Zentrum" sollen elf Jahrtausende Landschafts- und Kulturgeschichte lebendig werden lassen.

Bis zum Internationalen Museumstag 2022 ist die Eröffnung des Museums im Vollbetrieb geplant – mit allen fünf Zeitstationen (Mittelsteinzeit, Jungsteinzeit, Bronzezeit, Eisenzeit und frühe Römerzeit). Mehrmals jährlich finden Aktionstage zu unterschiedlichen Themenschwerpunkten und mit diversen archäo-technischen Vorführungen statt. So kann man das Weben am Gewichtswebstuhl oder Bogenschießen ausprobieren.

Einen guten Einblick in den Baufortschritt und das Museumsangebot gibt die Homepage mit vielen kleinen informativen Filmen zu den fünf Epochen, etwa das Backen einer Wildkräuter-Quiche auf steinzeitliche Art.
www.zeiteninsel.de/museum/

Die historische Wassermühle an der Lahn in Argenstein

In Argenstein selbst liegt an der Einmündung des Mühlenkanals in die Lahn die **historische Wassermühle an der Lahn**, ein bekanntes Fotomotiv des Marburger Lahntals. Argenstein wie auch das folgende Örtchen Roth liegen auf einer Insel zwischen der Par-Allna und der Lahn. Die Par-Allna ist ein 4 km langer Mündungsarm der Allna, die nördlich von Argenstein in die Lahn mündet. Hier wurde im Sommer 2011 das **Biotop Par-Allna** geschaffen – als Ausgleichsprojekt für Straßenbaumaßnahmen. Heute lassen sich hier rastende Vögel beobachten.

Von **Roth** lohnt sich ein kurzer Abstecher zur **Wehrkirche von Niederwalgern** **12** (siehe Roadbook), das etwas weiter westlich jenseits der Bahn liegt. Die wuchtige Kirche und die sie umgebende Mauer stammen aus dem 13. Jh. Der Kirchturm hatte ursprünglich keine direkte Verbindung zum Kirchenschiff, seine oberen Geschosse waren lediglich über eine Holzleiter zugänglich.

Liebhaber von Fachwerkhäusern sollten dem folgenden Ort **Fronhausen,** das der Radweg nur am nordöstlichen Ortsrand tangiert, einen Besuch abstatten. Die evangelische Kirche des Ortes ist eine sogenannte Chorturmkirche, die in Teilen aus dem 12. Jh. stammt. Der Helm des Kirchturms besteht aus acht Wichhäuschen (Dachausbauten für Beobachtungsposten)

Wissenswertes im Gepäck

Buderus-Werkssiedlung Kolonie

Die Werkssiedlung in Lollar wurde ab 1903 für die Arbeiter der Buderus-Eisenhütte errichtet. Nach Plänen der Gießener Architekten Stein & Meyer wurden 10 zweigeschossige Häuser gebaut, von denen sechs an der Marburger Straße und vier am rechtwinklig abzweigenden Buderusweg liegen. Jeweils ein Haus an der Marburger Straße und am Buderusweg sind als Reihenhäuser mit je drei Häusern ausgeführt, alle anderen als Doppelhäuser. Typisch für Arbeitersiedlungen aus jener Zeit sind die zu jedem Haus gehörenden Nebengebäude (Kleinviehstall und Schuppen) sowie der Gemüsegarten auf der Rückseite der Häuser.

und einer glockenförmigen (welschen) Haube und wird auch als „Fronhäuser Kegelspiel" bezeichnet.

Parallel zur Landstraße geht es weiter nach **Bellnhausen** und **Sichertshausen** und durch die Felder Richtung Südwesten zum Ortsrand von **Salzböden**. Hier lohnt die romanische Bilderkirche im Zentrum des Ortes einen Besuch. Ihre besondere Form verdankt die evangelische Kirche der Tatsache, dass sie im 13. Jh. als frühgotischer Wehrturm gebaut und erst im 16. Jh. zu einer spätgotischen Kirche mit bemalten Holzemporen erweitert worden ist.

Auch in den folgenden Ortsteilen von Lollar – Odenhausen und Ruttershausen – finden sich sehenswerte Kirchen. Neben der romanischen Dachreiterkirche in **Odenhausen** lohnt sich von dort der Schlenker zum 300 m hohen **Aussichtspunkt Altenberg** 13 (siehe Roadbook) westlich des Ortes. Von ihm heißt es, er sei die einzige Kuppe, von der man – klares Wetter vorausgesetzt – gleichzeitig Gießen und Marburg sehen kann.

Der Hauptradweg verläuft von Odenhausen nach Ruttershausen entlang der Bahntrasse und quert dann weitere Male die Lahn. Nach der zweiten Lahnbrücke erreichen wir am Nordrand von **Lollar** die **Buderus-Werkssiedlung Kolonie** an der Marburger

Lohnenswerter Schlenker 14

Burg Staufenberg

Schlafen im Märchenschloss

Eine weitere Bilderbuchburg an der Lahn: Die weithin sichtbare Höhenburg stammt aus dem Jahr 1233, wurde 50 Jahre später ein erstes Mal zerstört und danach mehrfach wiederaufgebaut und erneut zerstört – wie so oft in den damals unruhigen Zeiten.

Die **Oberburg**, von der nur noch ein Teil des Palas erhalten ist, gehört seit knapp 20 Jahren der Stadt. Auf dem nordöstlichen, 13 m hohen Eckturm, der über einen in Teilen erhaltenen Treppenturm bestiegen werden kann, befindet sich eine frei zugängliche Aussichtsplattform.

Die Unterburg beherbergt heute das Hotel Burg Staufenberg.

Zur Burg führen viele Treppen hinauf, oben entschädigt am Eingang der Burg ein Biergarten für die Mühe.
www.burg-hotel-staufenberg.com

Schlenker zur Burg: 3,4 km

Das Burghotel Staufenberg

Die Lahn bei Gießen

Straße. Von der Werkssiedlung aus kann man einen Abstecher zur nordöstlich gelegenen **Burg Staufenberg** 14 in **Staufenberg** machen, eine schöne Höhenburg aus dem 13. Jh., die man über viele Treppenfluchten erreicht. Die Burg – eigentlich handelt es sich um zwei Burgen – wurde auf einem Basaltkegel am Zusammenfluss von Lahn und Lumda errichtet. Der Ort selbst hat seit dem 14. Jh. die Stadtrechte und begeistert mit vielen Fachwerkhäusern.

Der Radweg verläuft parallel zur Bahnlinie am Westrand von Lollar und führt dann an einem weitläufigen Industriegebiet vorbei zum **Wißmarer See** im Norden der Stadt Wißmar und vorbei am **Hessischen Holz- und Technikmuseum**. Das Museum informiert über den Rohstoff Holz und seine vielfältigen Verarbeitungsmöglichkeiten. Das Gebäude selbst wurde in Anlehnung an eine der ehemaligen Wißmarer Zimmereien errichtet, zu sehen sind viele Gerätschaften aus dieser Zimmerei.

Nach der Brücke über die Autobahn führt der Radweg westlich am **Launsbacher See** vorbei und erreicht kurz darauf wieder das Lahnufer. Zwei weitere Burgen des Lahntals lassen sich von hier aus in einer großen Runde, die schließlich in Heuchelheim endet, besuchen: **Burg Gleiberg und Burg Vetzberg** 15. Beide Burgen liegen malerisch auf Basaltkegeln, nur 1,5 km auseinander, aber untereinander unterirdisch verbunden. Burg Gleiberg ist das weithin sichtbare Wahrzeichen der Region und gab der Region „Gleiberger Land“ ihren Namen.

Von der Aussichtsplattform auf dem Bergfried hat man eine schöne Aussicht über das Gießener Becken zum Vogelsberg, zum Westerwald und zum Taunus.

Lohnenswerter Schlenker 15

Burg Gleiberg

und Burg Vetzberg

Burg Gleiberg
Schon vor 900 Jahren auf einem markanten, 308 m hohen Basaltkegel erbaut, wurde Burg Gleiberg nach einer wechselvollen Geschichte im Dreißigjährigen Krieg zerstört. Der 31 m hohe Turm ist erhalten und bietet einen gigantischen Panoramablick. Die letzten Aufstiegsmeter hinauf zur Burg sind allerdings sehr steil. Auf der Burg lädt die Albertusklause mit Biergarten zur wohlverdienten Einkehr ein.
www.burg-gleiberg.de

Burg Vetzberg
Auch der Aufstieg zur Burg Vetzberg direkt gegenüber ist steil. Den gepflasterten Weg hinauf zur Burg gab es schon immer. Interessantes Detail am Rand: Der Pfad folgt nicht einer natürlich vorhandenen Trasse, sondern wurde absichtlich rechts um den Burgberg geleitet. Das hatte kriegstechnische Gründe: Auf diese Weise mussten Angreifer ihre rechte, nicht durch den Schild geschützte Seite den Burgverteidigern zuwenden.

Eine Stahltreppe verbindet Palasmauer und Turm, sie führt über den Hocheingang in das mittlere Bergfried-Stockwerk und zu einer Aussichtsplattform.

Immer nah am Fluss ist schon bald **Gießen** erreicht. Gießen ist eine Studentenstadt – ein Drittel der Einwohner sind Studenten, was sich durchaus im Stadtbild bemerkbar macht

Die Stadt an der Lahn liegt zwischen den Ausläufern des Vogelsbergs, Taunus und Westerwalds. 1944 wurde fast die gesamte Stadt durch Luftangriffe zerstört. Alte Stiche belegen, dass Gießen einmal wunderschön gewesen ist. Aus einer Wasserburg aus der Mitte des 12. Jh. entstand die heutige Stadt, der Burgherr verlegte dann aber seinen Hauptsitz auf die 8 km entfernt gelegene Burg Gleiberg.

Das **Alte Schloss** (Landgräfliche Burg) neben dem Botanischen Garten wurde um 1300 gebaut, 1944 brannte es aus und wurde in den 1970er-Jahren wiederaufgebaut. Das **Neue Schloss** am Brandplatz im Zentrum wurde nach einem Stadtbrand 1560 errichtet und überstand den Zweiten Weltkrieg wie durch ein Wunder. Die Obergeschosse sind in Fachwerk gebaut.

Gießens Universität wurde 1607 gegründet, seit 1957 trägt sie zu Ehren eines ihrer bekanntesten Mitglieder den Namen Justus-Liebig-Universität. Zu den Hauptsehenswürdigkeiten der Stadt zählen das **Mathematicum** 16

16 *Highlights* am Wegesrand

Mathematicum

Mathematisches Mitmachmuseum

Zu den Sehenswürdigkeiten Gießens zählt das Wissenschaftsmuseum Mathematicum, ein faszinierendes Mitmachmuseum mit 170 spannenden Experimenten rund um das Thema Mathematik.

Hier kann man Puzzles legen, Brücken bauen, sich unendlich oft spiegeln, Seifenhautexperimente durchführen, Kugelwettrennen veranstalten und vieles mehr. Mathematische Probleme werden mit viel Spaß und Überraschungen großen und kleinen Besuchern begreifbar gemacht.

Unterhaltsam: die Riesen-Seifenhaut

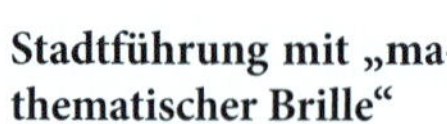

Stadtführung mit „mathematischer Brille"

Passend dazu gibt es auch mathematische Stadtführungen, bei denen man die Stadt mit den Augen eines Mathematikers erkundet und unterwegs Zahlen, Formen, Symmetrie uvm. entdeckt.

Anschließend weiß man: Mathematik steckt in fast allen Dingen, die uns umgeben – nicht nur in Gießen.

Mathematicum
Liebigstraße 8
35390 Gießen
Tel. +49 641 130 91-0
www.mathematikum.de

Justus-Liebig-Museum und Laboratorium 17

Das Museum entstand um das Historische Labor des Chemikers Justus von Liebig. Zum Glück für die Nachwelt ist das Liebig-Laboratorium weitgehend in seinem Originalzustand erhalten geblieben und stellt so die Forschung und Lehre zu Liebigs Zeiten um 1840 eindrucksvoll dar.
Es ist weltweit einer der wenigen Originalschauplätze für die naturwissenschaftliche Entwicklung im 19. Jh.

Liebig hatte sich sein Wissen über die Chemie zunächst als Autodidakt selbst beigebracht, ab 1820 studierte er in Bonn und Erlangen. Schon 1822 schloss er seine Doktorarbeit mit dem Titel „Über das Verhältnis der Mineralchemie zur Pflanzenchemie" ab und studierte dann mit einem Stipendium in Paris.

Kein Geringerer als Alexander von Humboldt empfahl den jungen Chemiker 1824 der Universität Gießen als Professor. Dort ging er neue Wege, sein Schwerpunkt wurde der experimentelle Unterricht: Sein Labor war Werk- und Lehrstätte gleichzeitig und wurde somit zum Wegbereiter für die naturwissenschaftlichen Experimentalforschung.

Einen Überblick über seinen weiteren Lebensweg und die von ihm erfundenen Produkte wie Backpulver, Fleischextrakt, Suppe für Säuglinge, Silberspiegel gibt das Liebig-Museum.

Liebig-Museum
Liebigstraße 12
35390 Gießen
Tel. +49 641 763 92
www.liebig-museum.de

Weiter Blick von der Burg Kalsmunt

und das **Justus-Liebig-Museum und Laboratorium** 17.

Blick in den Fluss

Vom Uferweg kann man auf Höhe des Stauwehrs der Klinkel'schen Mühle die Lahn queren und kommt zu den (kostenfrei zugänglichen) **Lahnfenstern Hessen**. Hier kann man durch große Panoramafenster einen Blick auf die Unterwasserwelt der Lahn werfen: auf die Fischtreppe, den Fluss und in eine Flachwasserstube („Kinderstube der Fische"). Mit etwas Geduld lassen sich hier Forellen, Rotaugen, Barsche, aber auch Barben und viele weitere regionale Arten beobachten. Im Fischaufstieg ist übrigens ein so genannter „Vaki-Counter" installiert: Der digitale Fischzähler scannt durchschwimmende Fische und zeichnet sie auf. Auf diese Weise können Anzahl und Artenzusammensetzung der aufsteigenden Fische dokumentiert werden.

Wegvarianten nach Dorlar

Gießen verlassen wir auf der Sachsenhäuser Brücke und folgen den Wegschildern des Lahnradwegs durch die Gießener Vororte entlang der Lahn, dann kurz parallel zur Bundesstraße. Dort, wo die Bundesstraße unterquert wird, teilt sich der Lahnradweg: Geradeaus geht es weiter entlang der Bundesstraße zu den **Seen von Dutenhofen.** Der Dutenhofener See ist ein beliebtes Naherholungsgebiet und bietet neben einem Sandstrand viele Möglichkeiten für Wassersportler, eine Gaststätte mit Seeblick und einen Biergarten. Entlang der Bundesstraße geht es dann weiter nach Dorlar.

Landschaftlich schöner ist die offizielle **Hauptroute über Heuchelheim.** An der evangelischen Martinskirche endet der Schlenker zu **Burg Gleiberg** und **Vetzberg** 15.

Heuchelheim mit einem schönen Ortskern mit Fachwerkhäusern wird nach Westen verlassen, über Atzbach ist es entlang der Lahn auf schönem Weg nicht weit nach **Dorlar**. Hier erwartet den Radfahrer ein kunsthistorisches Kleinod: Die ehemalige Klosterkirche aus dem 13. Jh. zählt zu den ältesten gotischen Kirchen des Landes. Entlang des linken Lahnufers, dann der Autobahn geht es an Naunheim vorbei nach **Niedergirmes** und fast durchgehend entlang des Flusses nach Wetzlar. Am Bruderusplatz geht es dann links auf der Brückenstraße über die Lahn in die traumhaft schöne Altstadt von **Wetzlar** 18.
Verlassen wird die Altstadt auf der Bogenbrücke – die alte Lahnbrücke ist zusammen mit dem Dom eines der Wahrzeichen der Stadt.

Wer die **Burg Kalsmunt** 19 (siehe Roadbook) besuchen möchte, bleibt zunächst noch auf der Altstadtseite und fährt von der Lahnbrücke die kurze Strecke hinauf zur Burg. Sie erhebt sich auf einem 256 m hohen Basalthügel hoch oben über Wetzlar und Lahn. Die Burgruine, deren Bauzeit sich bis zum Ende des 12. Jh. zurückverfolgen lässt, ist ein vielbesuchter Aussichtspunkt – und eines von Wetzlars Wahrzeichen. Der begehbare Bergfried ist der am besten erhaltene Teil der ehemaligen Reichsburg, die vermutlich in der Regierungszeit Friedrich I. Barbarossa als Teil des staufischen Verteidigungssystems errichtet wurde, aber auch die damals noch junge Stadt Wetzlar schützte.

Wahrzeichen der Stadt: die alte Bogenbrücke über die Lahn

Der Kornmarkt in Wetzlar

18 *Highlight* am Wegesrand

Wetzlar

Fachwerkromantik

Fachwerkhäuser, Barockbauten an der Lahn, kleine, enge Gassen, schöne mittelalterliche Plätze…

Die ehemalige Reichsstadt Wetzlar bietet auf einem Bummel durch die sich terrassenförmig zur Lahn hinziehende Altstadt alles für eine Zeitreise in die Vergangenheit. Die Stadt an der Lahn zwischen Taunus und Westerwald zählt zu Recht zu den schönsten Städten des Lahntals. Besonders schöne historische Bauten finden sich etwa rund um den **Kornmarkt.** Unweit des Haupteingangs des Doms hilft ein Bronze-Modell der Altstadt im Maßstab 1:500 bei der Orientierung.

Wahrzeichen der Stadt

Im Zentrum erhebt sich der romanisch-gotische **Dom Unserer Lieben Frau**, der das Stadtbild Wetzlars prägt. Zu seiner Besonderheit zählt die

fehlende stilistische Einheit – jede sakrale Architekturepoche von der Spätromanik bis zum Barock hat an dem Bauwerk seine Spuren hinterlassen. Auffallend ist die unfertige gotische Westfassade, auch der linke Turm kam nicht über das Sockelgeschoss hinaus. Ein Grund dafür war das fehlende Geld Ende des 14. Jh. Und noch etwas macht den Dom so einzigartig: Seit der Reformation wird er von Katholiken und Protestanten gemeinsam genutzt, sie teilen sich sogar Orgel und Altar.

Besichtigungstour
Start ist an der Steinbrücke, von hier aus folgt nach rechts die Lahnstraße, die durch die Altstadt den Berg hinaufführt. Sie endet am Eisenmarkt, einem der zentralen Plätze der Stadt. Nun geht es links in die Krämerstraße und dann rechts in die Schwarzadlerstraße, die hinauf rechts zum Domplatz und zur Hauptwache führt. Den Domplatz nach Süden verlassen, links in die Lottestraße abbiegen und dann durch die Schmiedegasse zum pittoresken Kornmarkt.
www.wetzlar.de

Häuserzeile am Mühlgraben

Die Leiden des jungen G.

1772 kam der damals junge Johann Wolfgang Goethe (damals noch ohne „von") für ein Praktikum am Reichskammergericht Wetzlar in die Stadt. Ihm gefiel die Altstadt mit ihren vielen Restaurants, Weinstuben und Biergärten.

Die Stadt pflegt die Erinnerungen an seinen Aufenthalt: Neben dem Haus am Kornmarkt, in dem er den Sommer über wohnte, steht vor allem das **Lottehaus** im Mittelpunkt. Hier im ehemaligen Verwaltertrakt der Wetzlarer Deutschordens-Niederlassung traf Goethe die von ihm angebetete Charlotte Kestner, geb. Buff. Seine unglückliche Liebe machte er unsterblich – als „Lotte" in seinem Briefroman „Die Leiden des jungen Werther", der schon kurz nach seinem Erscheinen 1774 zu einem Bestseller wurde und Goethe über Nacht berühmt machte. Wegen seiner unerwiderten Zuneigung – Charlotte

Stadt der Optik und Fotografie

Was sicher nicht jeder weiß: In Wetzlar wurde 1913 die erste Kleinbildkamera der Welt von Leitz-Entwicklungschef Oskar Barnack erfunden. Sie kam durch den Ausbruch des Ersten Weltkriegs aber erst 1925 als Leica I(A) auf den Markt. Aus dieser Tradition heraus gibt es auch heute noch mehrere Optikunternehmen in der Stadt, darunter die im Leitz-Park angesiedelte Leica Camera AG mit dem Ernst-Leitz-Museum und der Leica Erlebniswelt. Die **Leica Galerie in der Leica Welt** zeigt in Wechselausstellungen Bilder namhafter Fotografen.

Viseum Wetzlar

Optik und Feinmechanik in ganz neuem Licht.

Das Viseum Wetzlar in einem Bürgerhaus des 18. Jh. führt alle drei Aspekte zusammen: 16 Unternehmen aus der optisch-feinmechanischen Industrie bieten den Besuchern eine spannende Entdeckungsreise. Geleitet von einem Lichtstrahl, geht es von Raum zu Raum: Die Gesetze der Physik werden genauso erklärt wie die vielfältigen Anwendungsmöglichkeiten in Optik und Feinmechanik.

Haus der Optik + Feinmechanik
Lottestraße 8–10
35578 Wetzlar
Tel. Empfang:
+43 6441 99 41 40
www.viseum-wetzlar.de

Optikparcours

Fotofans können auch auf einem spannenden Wissenschaftsparcours

war zu dem Zeitpunkt verlobt – verließ Goethe Wetzlar früher als geplant schon nach dem Sommer 1772. Das Lottehaus präsentiert heute Bilder der Familie Buff, persönliche Gegenstände, aber auch Mobiliar und Hausrat einer bürgerlichen Familie des 18. Jh. Drei Räume des Hauses sind Goethes Werk gewidmet.

Literaturhistorisches Pendant des Lottehauses ist das **Jerusalemhaus:** Hier lebte Karl Wilhelm Jerusalem, der als Vorbild des „Werther" in die Geschichte einging.

Goetheweg
Entlang des 7 km langen Wetzlarer Goethewegs vom Lottehaus ins nordöstlich der Altstadt gelegene Garbenheim finden sich Steine mit Zitaten aus seinem berühmten Roman. Der Weg ist rund 7,5 km lang (220 Hm), Gehzeit: 2 bis 3 Std.

Leica Erlebniswelt

und Erlebnispfad durch die Stadt spazieren, er bietet interaktive und historische Stationen. Startpunkt ist das Einkaufszentrum Forum Wetzlar. Teil des Parcours ist auch das Dunkelkaufhaus im ehem. Kaufhaus Union am Karl-Kellner-Ring. Hier erfährt man hautnah, was es heißt, nichts sehen zu können. *www.wetzlar.de/optikparcours*

Essen, Trinken & Durchatmen

Ein kulinarischer Abzweig

Zum **Hotel Altes Eishaus** gehören ein Restaurant in historischen Backsteinräumen und ein schöner Biergarten direkt an der Lahn. Alte Gerätschaften erinnnern daran, dass hier früher im Winter Eisblöcke aus der zugefrorenen Lahn geschlagen und im Eishaus gelagert wurden. Gekocht wird regionale und saisonale deutsche Küche.

Restaurant Altes Eishaus
Wißmarer Weg 45
35396 Gießen
Tel. +49 641 38 90 80
www.hotel-giessen.de

Das urig eingerichtete **Hörnsheimer Eck** in der Wetzlarer Altstadt liegt unweit des Domplatzes und des Lottehauses und wirbt für sich, das „Restaurant mit Fisch & Flair" zu sein. Die Speisekarte bietet diverse Fisch- und Meeresfrüchtegerichte, aber auch eine kleine Auswahl an Steaks und vegetarischen Variationen.

Hörnsheimer Eck
Gewandsgasse 6
35578 Wetzlar
Tel. +49 6441 455 26
www.hoernsheimereck.de

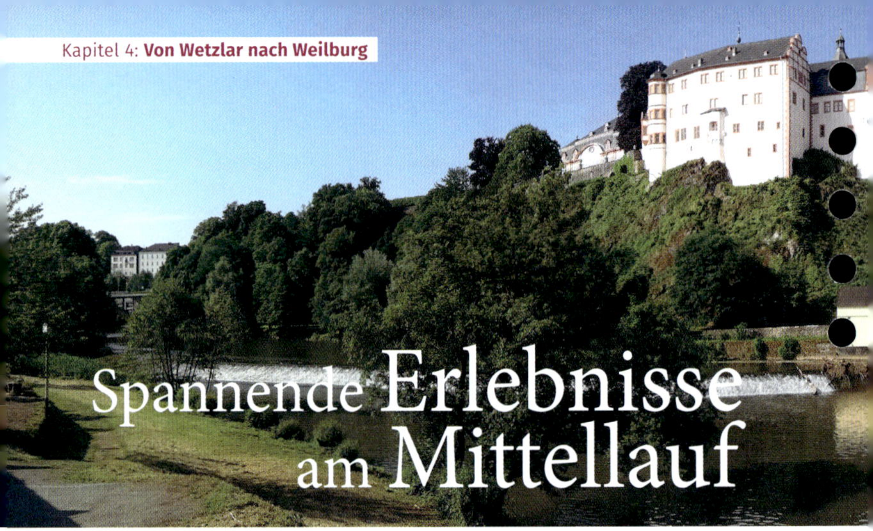

Spannende Erlebnisse am Mittellauf

Ankunft in Weilburg: Hoch über der Lahnschleife erhebt sich die Schlossanlage

29 **km**

3 Schlenker & Highlights

Streckenprofil

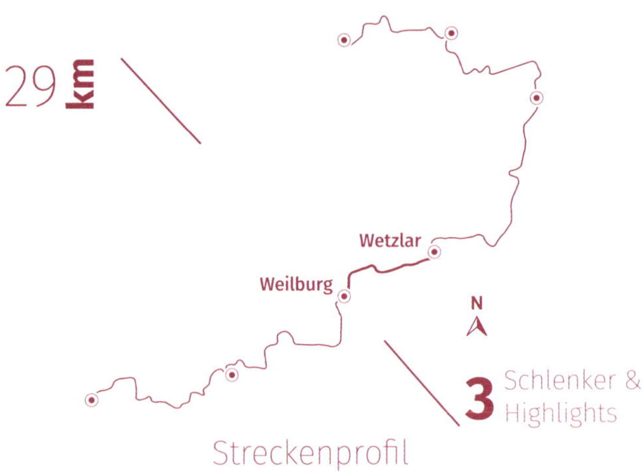

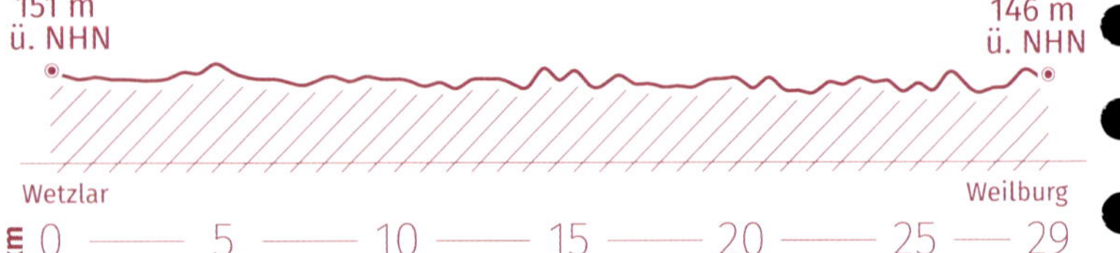

Die historische Altstadt von **Wetzlar** verlassen wir auf der Alten Lahnbrücke, queren die Lahn und können vom Brückenkopf noch ein letztes Mal den herrlichen Blick auf die natürlichen Staustufen des Flusses genießen. Auf dem Uferweg geht es flussabwärts, am anderen Ufer liegen das Stadion und Burg Kalsmunt.

Nach dem Stadion wird wenig später die Dill gequert, kurz folgt der Radweg der Dill flussaufwärts, schneidet eine Lahnschleife ab, um dann wieder die Fahrt am rechten Ufer der Lahn fortzusetzen. Der offizielle Radweg verlässt dann den Fluss und unterquert die B49.

Wer das **Kloster Altenberg** besuchen will, hält sich nach der Unterführung geradeaus und folgt den Wegweisern. Das ehemalige, von einer Klostermauer umrahmte Prämonstratenserinnenstift steht auf dem Michelsberg oberhalb des Flusses, neben der Klosterkirche blieben auch die Konvents- und Wirtschaftsgebäude erhalten. In der Kirche finden sich alte Fresken aus dem 13. bis 15. Jh. und eine barocke Orgel. Die gotische Klosterkirche birgt das Grab der Meisterin Gertrud, der dritten Meisterin des Klosters. Sie war die jüngste Tochter der heiligen Elisabeth und wie ihre Mutter half auch sie den Armen und Kranken. Während der Amtszeit von Gertrud erlebte das Kloster durch Schenkungen eine Blütezeit, die Klosteranlage konnte erweitert und die gotische Kirche errichtet werden (ab 1260). Vom Kloster hat man einen herrlichen Blick über das Lahntal bis zum Schloss Braunfels. Einkehren kann man in der Klosterschänke.

In **Oberbiel**, einem Stadtteil von Solms, bietet sich am Ortseingang ein weiterer Schlenker an – zum **Schaubergwerk Grube Fortuna** 20 in

Lohnenswerter Schlenker 20

Entlang des Weges

Lohnenswerter Schlenker von Oberbiel zur Grube Fortuna: 2,9 km

Schaubergwerk Grube Fortuna

Die Region an Lahn und Dill wurde bis weit ins 20. Jh. hinein durch weiterverarbeitende Industrie geprägt. Erst 1983 endete hier eine Bergbautradition, deren Anfänge bis in die Keltenzeit zurückreichen. Das letzte klassische Eisenerzbergwerk in Deutschland kann heute noch in seinem Originalzustand besichtigt werden – gemeinsam mit ehemaligen Bergleuten.

Von Anfang an spannend: Zunächst geht es zu Fuß durch einen Stollen zum Schaft, dann mit dem Förderkorb 150 m senkrecht nach unten zur 150-m-Sohle. Der Grubenzug fährt dann alle Teilnehmer in den Abbaubereich, wo Bergwerksführer die Originalmaschinen vorführen und die Arbeitsabläufe erklären. Neben dieser einstündigen Tour gibt es auch drei- bis fünfstündige Spezialtouren.

Eindrucksvoll sind auch die Anlagen über Tage: Zu sehen sind das historische Zechenhaus, die Kipphalle, der Erzbunker und das Fördermaschinenhaus, in dem der Fördermaschinist dafür sorgt, dass der Förderkorb die Besucher ein- und ausfahren lässt. Es gibt ein **Bergbaumuseum** und einen bergbaukundlichen **Lehrpfad**.

Ein Hinweis: Tickets sollten im Voraus online gebucht werden.
Nach der Fahrt ins Bergwerk lockt die Grubengaststätte „Zum Zechenhaus" mit ihrem Biergarten.
www.grube-fortuna.de

Feld- und Grubenbahnmuseum

Die Exponate des Museums befinden sich auf dem ehemaligen Zechengelände des 1983 stillgelegten Eisenerzbergwerks Grube Fortuna. In zwei Hallen werden die Fahrzeuge präsentiert, restauriert und gewartet. Die zwei Hallen und Gleisanlagen mit Werkstatt, Schmiede und die Bekohlungsanlage waren allerdings nicht Teil des Bergwerkes.

Derzeit befinden sich über 60 zumeist fahrtüchtige Dampf-, Diesel- und Elektrolokomotiven der 600-mm-Spur in der Sammlung, außerdem 100 Klein-, Feld- und Grubenbahnwagen. Eine Schaufahrt führt über 2,5 km durch das obere Grundbachtal, die Fahrt mit dem Kleinbahn- oder Grubenzug dauert etwa 20 Min.
www.feldbahn-fortuna.de

einem Waldgebiet nördlich des Ortes. Bis 1983 wurde hier noch Eisenerz unter Tage abgebaut – nach der Stilllegung wurde die Anlage zu einem Besucherbergwerk umgebaut. Neben dem Schaubergwerk gibt es ein Bergbaumuseum, einen Lehrpfad und ein **Gruben- und Feldbahnmuseum** auf dem Gelände.

Schon in **Oberbiel** kehrt der Radweg zur Lahn zurück, quert insgesamt drei Flussarme und führt ins beschauliche Städtchen **Solms**. Der Name Solms geht auf den Namen *Sulmissa* (Solmsbach) zurück, der erstmals in einer Schenkungsurkunde des Klosters Lorsch 788 Erwähnung fand. Die Kleinstadt ist nach dem gleichnamigen Adelsgeschlecht benannt, das auf der Burg Solms seit etwa 1100 n. Chr. residierte. 1384 wurde die Burg nach einer Fehde mit Wetzlar zerstört. Die Burgherren zogen auf die Burg Greifenstein, spätere Nachfahren residierten auf Schloss Braunfels. Die letzten Reste der Burg Solms wurden 1954 abgerissen.

Heute ist die Kleinstadt ein ruhiger Wohnort. Wer sich für das Solmser Land und seine Bewohner interessiert, sollte dem **Industrie- und Heimatmuseum** einen Besuch abstatten. Im Heimatmuseum wird das Leben und Arbeiten der Menschen um 1900 mit Wohn- und Arbeitsräumen nachgestellt. Das Industriemuseum findet man in Hallen der 1898 errichteten Landmaschinenfabrik. Viele der Maschinen laufen, es riecht nach Schmieröl und Holzkohle, denn hier wird immer noch produziert, z. B. Nägel ganz unterschiedlicher Größe. Als Besucher steht man dicht daneben und erlebt den Herstellungsprozess hautnah. So lassen sich die Arbeitsbedingungen der Industriearbeiter um die Wende vom 19. zum 20. Jh. besser vorstellen.

Lohnenswerter Schlenker 21

Schloss Braunfels

Hessens Neuschwanstein

Schlenker vom Bahnhof Leun/Braunfels nach Braunfels: 5 km

Entlang der Lahn geht es nach **Lahnbahnhof**, eine Ansammlung von Häusern und dem Bahnhof Leun/Braunfels, wo sich ein ganz besonderer Abstecher anbietet – nach **Braunfels** 21, das etwas weiter südlich am Iserbach liegt.

Weithin sichtbar ist das Märchenschloss, das einst auf einem Basaltkegel errichtet worden ist. Seit fast 800 Jahren gehört es ein und derselben Familie, sein Besuch lohnt sich nicht nur wegen der fantastischen Aussicht, sondern auch wegen der besonderen Kunstschätze, die sich in seinen Räumen befinden.

Die ursprünglich als Verteidigungsburg gegen die Herren von Nassau erbaute Burg ist seit dem 13. Jh. der Stammsitz der Grafen von Solms. Diese bauten die Anlage im 15. Jh. zu einer Festung aus; aus dieser Bauphase stammt die spätgotische Schlosskirche.

Im Dreißigjährigen Krieg kam es zu einigen Besitzerwechseln und schweren Schäden am Gebäude. Schließlich wurde es ab 1680 im barocken Stil umgebaut und nach einem verheerenden Brand ab 1840 im Stil der Neugotik völlig neu gestaltet, als Vorbild diente Burg Rheinstein.

Heute ist die Burg so etwas wie der „Prototyp" für eine Märchenburg und wird immer wieder als Location für Filmaufnahmen genutzt.

Schloss Braunfels kann im Rahmen von Führungen zu unterschiedlichen Themen besucht werden. Das Café im Schloss bietet Snacks und Erfrischungen.
Schloss 1
35619 Braunfels
Tel. +49 6442 50 02
www.schloss-braunfels.de

Dort erwartet uns das vor 800 Jahren auf der Spitze eines Basaltkegels errichtete Schloss Braunfels – ein Wirklichkeit gewordenes Märchenschloss, das so manchen an Neuschwanstein erinnert. Auch die zu seinen Füßen liegende Stadt begeistert mit ihren schönen Fachwerkhäusern entlang verwinkelter Gassen.

Vom Bahnhof Leun-Braunfels geht es mit mehrmaligem Unter- bzw. Überqueren der Bundesstraße über Stockhausen und Biskirchen nach **Löhnberg**, dessen Wahrzeichen die Ruine der **Laneburg** über dem Ort ist. Die Schlossruine stammt aus dem 14. Jh., lange diente sie den Herren von Nassau als Sitz. Ende des 16. Jh. wurde sie zum Renaissance-Schloss umgebaut, aber nie fertiggebaut, stattdessen verpfändet und zur Zehntscheune umgestaltet. Ein verheerender Brand im Jahr 1900 und eine Fliegerbombe im Zweiten Weltkrieg verursachten große Schäden. Heute ist die Burg in Teilen restauriert und wird für Veranstaltungen genutzt. Sehenswert ist auch die schöne Schlosskirche.

Nun folgt ein besonders schöner Abschnitt entlang des linken Lahnufers nach **Ahausen**. Die Loren am Weg zeigen, dass der Bergbau hier einmal eine wichtige Rolle gespielt hat. Am Ortsende wird auf die andere Lahnseite gewechselt. Zum Glück kurz, aber unschön, ist der weitere Weg entlang der Straße nach Weilburg.

Noch vor Erreichen der Brücke in die Altstadt fährt man am **Weilburger Tunnelensemble** vorbei: Hier kürzt ein Dreifachtunnel die markante Lahnschleife um Weilburg ab: Es gibt einen jeweils separaten Tunnel für

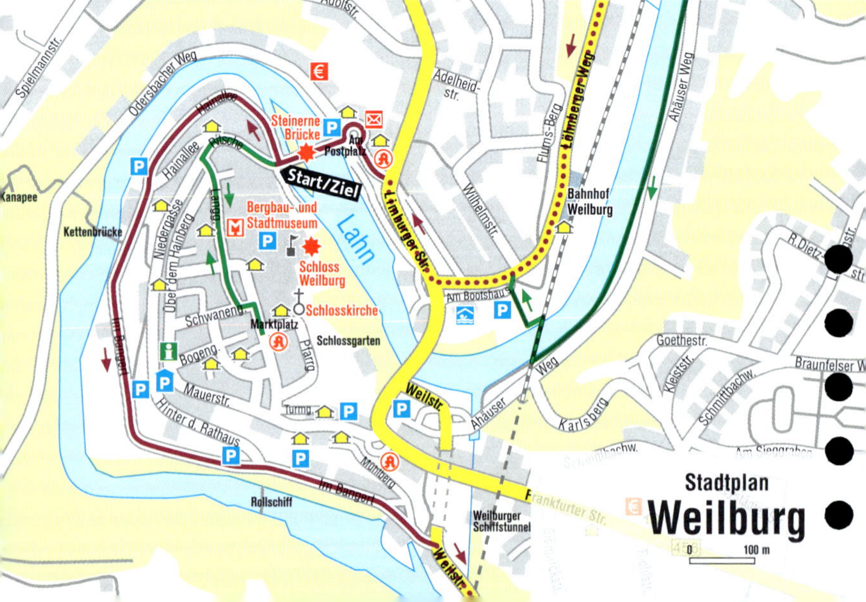

Autos, Bahn und Schiffe! Bei der Steinernen Brücke queren wir die Lahn und sollten uns ausreichend Zeit für die historische Altstadt von **Weilburg** 22 nehmen. Diese erreicht man am besten über die Steinerne Brücke, die zur Lahninsel und in die Altstadt führt.

An der Brücke sollte man das Rad abstellen und sich zu Fuß auf den Weg zum Marktplatz und dem Renaissanceschloss mit seinem wunderschönen Garten machen. Von der Balustrade des Schlosses bietet sich ein fantastischer Blick auf das Lahntal.

Der Radsteg bei der Schleuse Löhnberg

Wissenswertes im Gepäck

Rollschiff Weilburg

Von Hand über die Lahn

Weilburg bietet neben dem Tunnelensemble noch eine weitere technische Rarität: Seit 1691 setzen die Weilburger mit dem historischen Rollschiff zum Hauseleyfelsen über. Die Fähre setzt dicht oberhalb des zweiten Weilburger Wehrs von der Anlegestelle „Im Bangert“ auf die Lahnseite unterhalb der Hauseley über.

Der Name „Rollschiff“ bezieht sich auf die Führung des Schiffes mittels eines Drahtseiles, das über Rollen geführt wird. Der Fährmann zieht das Schiff von Hand am Drahtseil über den Fluss. Die Fähre ist von April bis September Samstag und Sonntag von 13 – 17 Uhr in Betrieb.
Sonderfahrten:
Tel. +49 6471 927 48 75

Wandervorschlag:
Auf der Hainallee auf der Altstadtseite bis zum Ernst-Dienstbach-Steg, links am Lahnufer entlang bis zum Aufstieg zum Tempelchen auf dem Hauseleyfelsen. Zurück auf gleichem Weg und mit dem Rollschiff zurück ans linke Lahnufer zur Hainallee. Auf dieser zurück zum Ausgangspunkt.

Wissenswertes im Gepäck

Weilburger Tunnelensemble

Mit dem Schiff durch den Berg

Als weltweit einmalig gilt das „Weilburger Tunnelensemble": Hier liegen drei Tunnelröhren nebeneinander unter dem Mühlberg – jeweils ein Tunnel für Fahrzeuge, Schiffe und die Eisenbahn. Der jüngste Tunnel des Ensembles ist der im 2004 freigegebene Mühlbergtunnel der Teilortsumgehung Weilburg.

Insbesondere der 1847 eröffnete Schifffahrtstunnel stellt ein in Deutschland einmaliges Bauwerk dar – er ist der älteste und längste heute noch befahrbare Schiffstunnel in Deutschland. Durch den Bau kann man auf elegante Weise die 2 km lange Lahnschleife mit zwei Wehren umfahren, was vor allem Kanufahrer nutzen.

Von der Idee zur Durchführung

Im frühen 19. Jh. wurde seitens der nassauischen Regierung damit begonnen, die Lahn, auf der bereits im Mittelalter zwischen Rhein und Diez Schiffe verkehrten, auch an ihrem Oberlauf schiffbar zu machen. Sandbänke, Steinwehre und Stromschnellen hatten bis dahin den Transport von Gütern auf dem Wasser unmöglich gemacht. Zum wirtschaftlichen Nachteil der Steinbrüche und Erzgruben. Zudem sollte die Wirtschaft angekurbelt und die Rohstoffe des Lahntals (Holz, Eisenstein, Kalkstein, Marmor, Ton und Basalt) mit Schiffen zum Rhein gebracht werden. Ein erster Meilenstein war das Jahr 1809: Nun konnte die Lahn bis Runkel befahren werden, ein Jahr später war die Lahnregulierung bis Weilburg abgeschlossen. Blieb noch die 2 km lange Lahnschleife um die Stadt, dazu ein Höhenunterschied von 4,65 m auf wenigen Kilometern...

Die Eckdaten

Gebaut wurde der **Schiffstunnel** schließlich 1844 bis 1847 – der Mühlberg wurde durchstochen und ein 195 m langer, 5,6 m breiter und 6,3 m hoher Tunnel gebaut und mit 32.000 Ziegelsteinen und Bruchsteinen verkleidet. Die Tunnelportale an der Nord- und Südseite sind aus heimischem Lahnmarmor gefertigt. Es gibt zwei Schleusenkammern, die jeweils 42 m lang und 5,35 m breit sind und den zuvor ungelösten Höhenunterschied von 4,65 m überwinden. Tragisch allerdings, dass die Lahnschifffahrt ihre wirtschaftliche und strategische Bedeutung schon 10 Jahre später durch den Bau der Eisenbahnlinie von Koblenz nach Gießen (1862) verlor.

Heute wird die künstliche Wasserstraße hauptsächlich von Wanderrudern, Kanuwanderern und anderen Wassersportlern genutzt. Für Kanus und Kajaks ist die Tunneldurchfahrt und die Schleusung an allen Schleusen auf der Lahn übrigens kostenlos.

Umflossen von der Lahn

Weilburg

Die barocke Residenzstadt, die in einem Mäander der Lahn liegt und von drei Seiten von Wasser umgeben ist, gehört mit ihrer Altstadt zu den schönsten Städten entlang der Lahn. Sie hat viel erlebt und viel gesehen und so lohnt es sich, an einer der Stadtführungen teilzunehmen. Ein Bummel durch die Altstadt ist ein Streifzug durch 500 Jahre Architekturgeschichte.

Weilburg hat schon vor über 700 Jahren vom Bischof von Worms die Stadtrechte verliehen bekommen, die Burg ermöglichte die Kontrolle der „Hohen Straße" von Frankfurt nach Köln und der Via Publica von Flandern nach Böhmen.

Ab 1355 diente Weilburg über 500 Jahre als Residenz des Hauses Nassau-Weilburg.

Das Schloss

Ab Mitte des 14. Jh. wurde die alte Burg abgerissen und ein vierflügeliges Schloss im Stil der nordischen Renaissance errichtet – die Anlage zieht sich über 400 m entlang der Ostflanke eines Bergsporns. Damit bedeckt das Schloss fast die Hälfte der Weilburger Altstadt. Das 1545 bis 1590 errichtete sog. **Hochschloss** zählt zu den schönsten Renaissanceschlössern Hessens. Von 1701 bis 1721 erfolgte der barocke Ausbau, sehr umsichtig, sodass sich heute alles wie aus einem Guss präsentiert. Das Schloss, heute ein Museum, kann nur im Rahmen einer Führung besichtigt werden. Zum Schloss gehört auch die evangelische Schlosskirche und der an das Schloss angrenzende Schlossgarten. Dieser wurde terrassenförmig angelegt, der ursprüngliche Renaissancegarten ab 1700 umgestaltet.

Bergbau- und Stadtmuseum

Im ehemaligen Kanzleigebäude des Schlosses ist das Bergbau- und Stadtmuseum untergebracht, ein Highlight ist der **Tiefe Stollen**, ein naturgetreuer Nachbau eines ehemaligen Bergwerkes, für den ehemalige unterirdische Kellergewölbe des Schlosses verwendet wurden.

Weilburgs Altstadt begeistert durch einen in der Residenzzeit (14.–19. Jh.) gewachsenen, abwechslungsreichen Häuserbestand mit zahlreichen Repräsentationsgebäuden. Häufig kam dabei der regionale Lahnmarmor zur Anwendung, gebrochen in den stadtnahen Steinbrüchen. Die hübschen Fachwerkhäuser wurden zwischen dem 16. und 19. Jh. gebaut.

Zum Glück für heutige Besucher erlitt Weilburg im Zweiten Weltkrieg nur geringe Schäden, allerdings sprengte die Wehrmacht alle Brücken auf die Altstadtinsel. Der im Westen gelegene Fußgänger-Steig über die Lahn ersetzt die ehemalige Kettenbrücke. Die beiden Brückenhäuschen hatten zweifache Aufgaben: Sie trugen nicht nur die Last der Brücke, sondern auch eine wichtige Druckwasserleitung in die hochgelegenen Altstadtgassen.

Essen, Trinken & Durchatmen

Ein kulinarischer Abzweig

Das Hotel-Restaurant **Solmser Hof** am Marktplatz der sehenswerten Altstadt von Braunfels ist ein malerischer Fachwerkbau, der sich an die Tortürme der „Unteren Talpforte" des Braunfelser Schlosses schmiegt. Seit 1840 wird hier für Gäste gekocht, heute griechische Spezialitäten (mit Schwerpunkt auf Grillgerichte), aber auch traditionelle Gerichte aus der Region.

Restaurant Alte Mühle
Marktplatz 1
35619 Braunfels
Tel. +49 6442 42 35
www.solmserhof-braunfels.de

Das **Joseph's Restaurant** bietet liebevoll eingerichtete Innenräume und eine schöne Sommerterrasse mit Blick über den Residenzmarkt zur Schlosskirche. Die gehobene Küche legt Wert auf ausgefallene Zubereitungsarten und wagt sich auch an ungewöhnliche Kombinationen. Zur Auswahl stehen italienische, mediterrane und mitteleuropäische Gerichte.

Joseph's Restaurant
Marktplatz 10
35781 Weilburg
Tel. +49 6471 21 30
www.josephs-restaurant.de

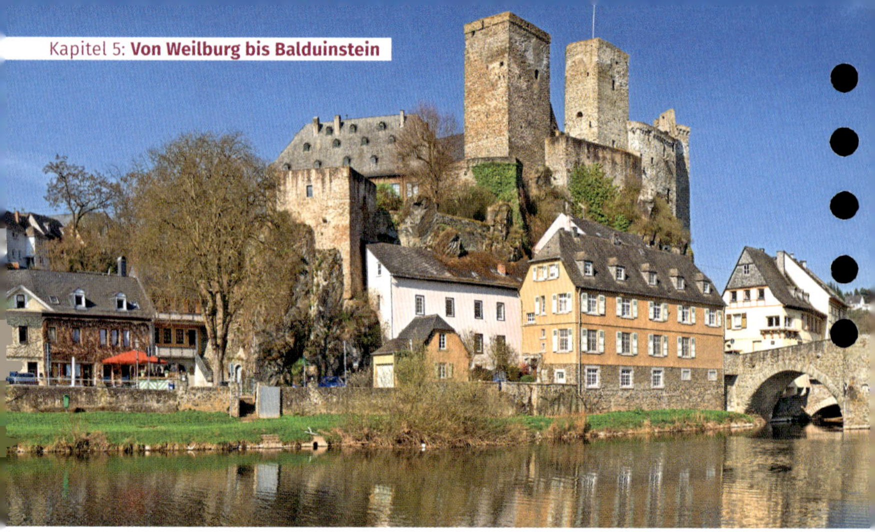

Burg Runkel, die Alte Lahnbrücke und Schloss Schadeck

52 **km**

7 Schlenker & Highlights

Streckenprofil

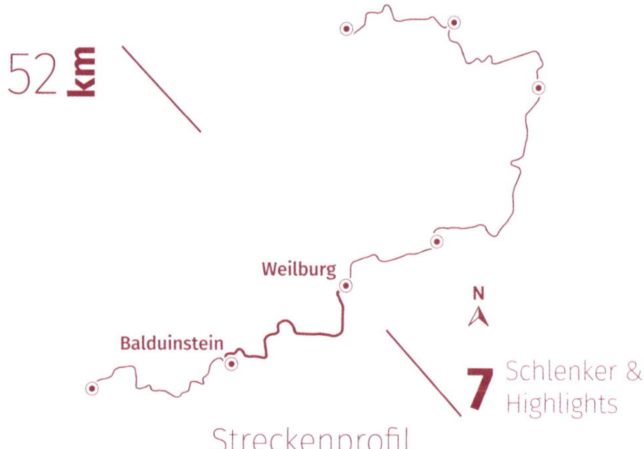

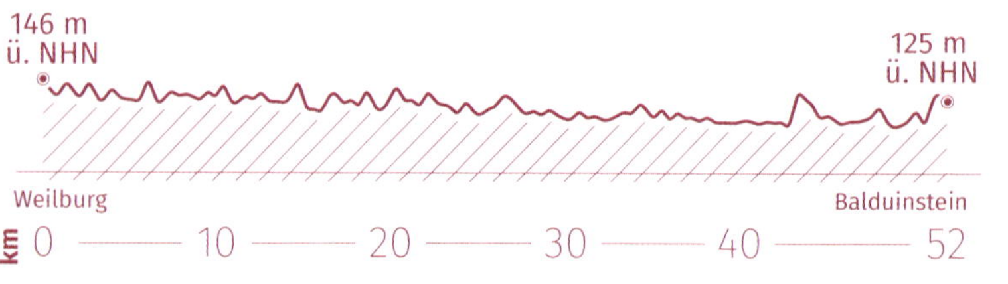

Für viele ist der folgende Abschnitt der romantischste des gesamten Lahntals.

Von der Steinbrücke in Weilburg aus verläuft der Lahnradweg auf der Innenseite der Lahnschleife um die historische Altstadt von Weilburg, vorbei an der Rollfähre Weilburg und dem gegenüberliegenden Aussichtsfelsen Hauselerley. Die Schleuse Weilheim und der Ausgang des Schiffstunnels locken zu einer Pause: Hier tummeln sich im Sommer immer viele Kanuten.

Der Radweg quert auf der Weilstraße den künstlichen Lahnarm nach seinem Austritt aus dem Tunnel und verläuft dann unmittelbar entlang des rechten Lahnufers. Bevor wir allerdings auf den links liegenden Radweg abbiegen, sollten wir noch den Abstecher zur **Kristallhöhle Kubach** 23 unternehmen: 70 m geht es hinab in eine Schauhöhle, die mit einer Höhe von 30 m und einer Länge von 170 m die höchste Schauhöhle Deutschlands ist. Lohnenswert ist auch das angeschlossene Höhlenmuseum.

Zurück in Weilburg rollt man nun Lahnschleife für Schleife dahin, kann entspannt die Kanuten beobachten, für die es an den Staustufen Umfahrungen gibt. Vorbei an Kirschhofen geht es nach Gräveneck, von dort weiter nach **Fürfurt**.

Zunächst noch am Lahnufer, folgt der Radweg dann bis Aumenau der Bahntrasse. **Aumenau** am gegenüberliegenden Ufer liegt wie Weilburg in einer Lahnschleife. Bis Villmar folgt der Radweg erneut den Schleifen der Lahn.

Zentrum des Lahnmarmors

Villmar ist das Zentrum für die Gewinnung von **Lahnmarmor.** So findet sich denn auch hier die einzige aus Marmor errichtete Brücke in ganz Eu-

Lohnenswerter Schlenker 

Kristallhöhle Kubach

Geheimnisvolle Unterwelt

Eintauchen in Deutschlands einzige Calcitkristallhöhle! Diese begeistert mit unzähligen Kalkspatkristallen und Perlsinter, die den 350 Millionen Jahre alten Kalkstein der imposanten Schauhöhle bedecken.

Erfolgreiche Suche

1881 wurde die Tropfsteinhöhle beim Phosphoritabbau entdeckt, geriet aber wieder in Vergessenheit, der genaue Ort wurde nicht überliefert. 1974 war schließlich der Höhlenverein Kubach bei seinen aufwändigen Suchboh-

Wandsinter am „Pudel“

Eindrucksvolle Südhalle

rungen erfolgreich und erschloss in den Folgejahren diese faszinierende Höhle, die seit 1981 als Schauhöhle auch einer breiteren Öffentlichkeit zugänglich ist.

Zusammen mit einem Höhlenführer beginnt der Abstieg über 456 Stufen auf einem 300 m langen Weg zum tiefsten Punkt der Schauhöhle, der sich rund 70 m unter der Erdoberfläche befindet. In der Höhle herrschen konstant rund 9°C, die relative Luftfeuchtigkeit liegt bei 85%. Warme Kleidung und festes Schuhwerk sind daher empfehlenswert.

Das angeschlossene **Höhlenmuseum** zeigt verschiedenste Mineralien in allen Formen und Farben und gibt zusätzliche Informationen zur Entstehungsgeschichte.
https://kubacherkristallhoehle.de/

Schlenker ab Weilburg: 5,5 km

Wissenswertes im Gepäck

Lahnmarmor

Einzigartiger Werkstoff

Lahnmarmor ist seit Jahrhunderten wegen seiner Farbigkeit (diese changiert von Rot über Schwarz und Grau bis hin zu Gelb- und Ockertönen) und seiner guten Polierfähigkeit ein beliebter Werkstein. Über 400 Jahre wurde in mehr als 100 Marmorbrüchen zwischen Wetzlar bis Hahnstätten (südlich von Limburg) der Massenkalk abgebaut. Alle historischen Marmorbrüche sind teilweise verfüllt worden oder liegen schwer zugänglich in Naturschutzgebieten.

Es war einmal am Äquator

Lahnmarmor ist vor rund 380 Millionen Jahren im geologischen Zeitalter Mitteldevon entstanden, als weite Teile Deutschlands von einem tropischen Meer bedeckt waren. Damals lag der Kontinent Europa auf Äquatorhöhe, die Wassertemperatur lag über 24 °C und ermöglichte die Bildung von Riffen, die hauptsächlich von Stromatoporen (heute ausgestorbene Meereslebewesen), aber auch Korallen, Muscheln und Schnecken aufgebaut wurden. Im Laufe der Erdgeschichte wurden die Riffe bei der Gebirgsbildung durch Druck mit Überdeckungen von bis zu 1000 m verfestigt.

Beliebt und weitgereist

Wie beliebt Marmor als Baustoff war, zeigt die lange Liste an bedeutenden Bauwerken, in denen Lahnmarmor verwendet wurde: in den Domen von Mainz, Köln, Würzburg und Trier und beim Apostelgrab in der Abtei St. Matthias in Trier, zu der Villmar gehörte. Im barocken Marmorbad des Weilburger Schlosses findet man ihn ebenso wie in Klosterkirchen und weiteren Schlössern. Auch international war er gefragt und hat es bis in die Eremitage in St. Petersburg, in den Istanbuler Bahnhof Haydarpasha, in die Eingangshalle des Empire-State-Building in New York und in den Palast des Maharadjas von Tagore in Indien geschafft.

Lahn-Marmor-Museum Villmar

Das Museum in Villmar informiert detailliert über den Marmor und gliedert sich in vier Bereiche:

Marmor-Museum

Das Museum zeigt in einer Dauerausstellung die Themenschwerpunkte Geowissenschaften/Geologie, Wirtschafts-, Technik- und Sozialgeschichte sowie Kunstgeschichte und Architektur. Hinzu kommen wechselnde Sonderausstellungen.

Unica-Bruch
Zum Nationalen Geotop führt ein 380 m langer **erdgeschichtlicher Lehrpfad**. Er bildet die 380 Millionen Jahre ab, die zwischen dem Mitteldevon und heute liegen. Die jeweiligen geologischen Zeitalter werden auf Informationstafeln erläutert. Im Bruch bietet eine in zwei Terrassen gegliederte rund 6 m hohe und 15 m breite glattgesägte und geschliffene Wand einen weltweit einmaligen Einblick in ein Stromatoporenriff. Auch als Laie erkennt man Stromatoporen und Korallen, aber auch Seelilien, Kopffüßler und Schnecken.

Lahn-Marmor-Weg
Der Lahn-Marmor-Weg führt durch Villmar und seine Gemarkungen und vermittelt unterwegs einen Einblick in die Entstehungsgeschichte, den Abbau, die Verarbeitung und Ästhetik des Marmors.

Lahn-Marmor-Route
Die Marmorroute ist ein Fahrradweg, der entlang der Lahn durch das ehemalige Abbaugebiet des Lahnmarmors von Wetzlar nach Balduinstein verläuft. Unterwegs finden sich neben ehemaligen Marmorbrüchen auch Kirchen, Schlösser, Burgen, Profanbauten sowie technische Bauten wie Schleusen und Brücken, bei denen Lahnmarmor als Werk- oder schmückender Stein verwendet wurde.
www.lahn-marmor-museum.de

Im Unica-Bruch

ropa. Gebaut wurde sie 1893 bis 1894, um den Bahnhof an den Ort Villmar und die dort betriebenen Steinbrüche anzubinden. Die drei Bögen der Brücke sind jeweils 21,5 m lang. Als Baumaterial dienten Marmorblöcke aus nahegelegenen Steinbrüchen, für die Seitenverkleidung wurde ebenfalls lokaler Lahnmarmor verwendet. Wer mehr erfahren möchte, hält sich nach der Überquerung der Lahnbrücke rechts zum **Lahn-Marmor-Museum** und besucht das Museum und den **Marmor-Steinbruch Unica.**

Auf der rechten Lahnseite verläuft der Radweg auf dem Leinpfad an der Schleuse Villmar vorbei. Auf der anderen Seite liegen hohe Felsen und das König-Konrad-Denkmal. In der Ferne ist bereits das nächste Etappenziel, die Burg Runkel, zu sehen.

Zwischen Bahn und Fluss erreichen wir **Schadeck**, einen Ortsteil von Runkel. Der Leinpfad führt zum Bahnhof Runkel auf der Schadecker Seite. **Schadeck** liegt auf einem Höhenzug, der der Lahnschleife folgt und ein nach Süden hin offenes „U" beschreibt. An den sonnenreichen Hängen wurde lange ein Rotwein angebaut, der „Runkeler Rote". Heute versuchen hier junge Winzer, den Weinanbau an der Lahn neu zu beleben.

Für den Besuch der historischen Altstadt von **Runkel** 24 in einer Lahnschleife queren wir die Lahn auf der Steinernen Brücke, die Schadeck und Runkel verbindet. Vor uns erheben sich zwei Burgen: links der Lahn Burg Runkel, rechts der Lahn Burg Schadeck, die sich in Privatbesitz befindet.

Runkel

und seine eindrucksvolle Burg

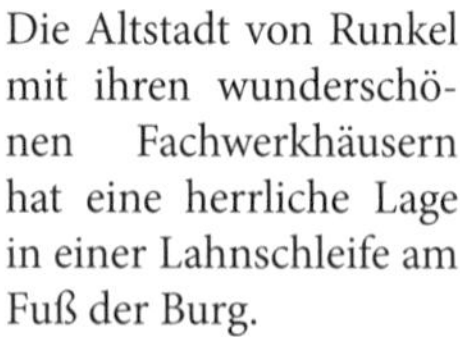

Die Altstadt von Runkel mit ihren wunderschönen Fachwerkhäusern hat eine herrliche Lage in einer Lahnschleife am Fuß der Burg.

Mittelpunkt des Ortes

Mitte des 12. Jh. gab es eine erste Erwähnung der Burg, schon 1448 wurde mit dem Bau der **Steinernen Lahnbrücke** begonnen – sie ist eine der ältesten im Lahntal. Nach dem Dreißigjährigen Krieg wurde die zerstörte Burg wiederaufgebaut und zählt heute zu den schönsten entlang der Lahn. Schon die Annäherung ist eindrucksvoll: Durch ein Außentor geht es in einen parkähnlichen Vorhof, dann weiter in den inneren Hof mit einem Museum.

Blick von Burg Runkel flussaufwärts auf den Ort und das Lahntal

Highlight am Wegesrand 

Zahlreiche Treppen und kleine Räume leiten hinauf in den alten Teil der Burg mit dem beeindruckenden, festungsgleichen Bergfried.

Zum Schluss kann man dann vom höchsten Punkt des Turms die fantastische Aussicht genießen.

Schloss Schadeck

Nur wenige Jahre nach der Runkeler Burg wurde am gegenüberliegenden Lahnufer 1276 Schloss Schadeck von Heinrich von Runkel-Westerburg erbaut – Auslöser war wie so oft ein innerfamiliärer Streit: Heinrich wollte nicht mehr mit seinem Vetter Siegfried von Runkel-Westerburg gemeinsam die Burg Runkel nutzen. Er baute deshalb hoch über Runkel auf der anderen Seite der Lahn auf einem „Eck" des Felsens ein eigenes Schloss, dem Vetter zum Schaden. 1288 wird „Schadeck" erstmals urkundlich erwähnt.
www.runkel-lahn.de

Highlight am Wegesrand **25**

St. Lubentius

auf festem Fels erbaut

Die Kirche in Dietkirchen, die hoch über der Lahn auf und in Felsen gebaut wurde, zählt sicher zu den Highlights entlang des Radwegs.

An der Stelle der heutigen Kirche hat es schon in der Kupfersteinzeit (6.000 bis 4.000 v. Chr.) eine Kultstätte gegeben. Eine Furt durch die Lahn und reger Handelsverkehr in fränkischer Zeit machten Dietkirchen im 6. Jh. zum Ausgangspunkt der Christianisierung der Lahnregion.

Die um 800 gebaute Stiftskirche war bis zum 13. Jh. die bedeutendste Kirche des Lahngaus. Ihr bedeutendster Schatz sind die Gebeine des heiligen Lubentius. Der romanische Bau ist gewaltig: Die dreischiffige, innen sehr schlichte Basilika ist 39 m lang und hat drei Nebenkapellen. St. Lubentius wird heute als katholische, die Dreifaltigkeitskapelle als evangelische Pfarrkirche von Dietkirchen genutzt.

Burg Dehrn

Der Radweg führt durch die Altstadt von **Runkel** 24. Fast schon ein Muss ist der Aufstieg zur **Burg Runkel**, deren Oberburg zu besichtigen und dessen Hauptturm besteigbar ist. Von dort hat man einen schönen Blick über die Lahnschleife und hinüber zur **Burg Schadeck**.

Am Ende der Runkeler Altstadt wird erneut die Lahnbrücke gequert, dann geht es weiter auf der rechten Flussseite.

Die Lahn macht erneut eine Schleife, rechts erheben sich im Runkeler Stadtteil Dehrn **Burg und Schloss Dehrn**. Die Burg ist eine Spornburg auf einem Bergsporn oberhalb der Lahn. Hingucker ist der runde, 34 m hohe Bergfried mit achteckigem Zinnengeschoss. Während der Turm mit seinen bis zu 3 m dicken Mauern vermutlich aus dem 13. Jh. stammt, wurde das Zinnengeschoss erst im 19. Jh. ergänzt. Der Wohnbau südlich des Bergfrieds ist im Kern noch gotischen Ursprungs und wurde im 16. Jh. spätgotisch umgebaut. Burg und Schloss sind in Privatbesitz.

Weiter entlang der Lahn führt der Radweg unterhalb von **Dietkirchen** vorbei, rechts über der Lahn fällt der Blick auf einen steilen Felsabbruch, auf dem eine große Kirche steht: die **Pfarrkirche St. Lubentius** 25.

Bevor es ins schöne Limburg geht, wird zunächst die ICE-Brücke Limburg und anschließend die gigantische Autobahnbrücke unterquert und schließlich die Alte Lahnbrücke von Limburg erreicht. Über die Steinbrücke und den Berg hinauf geht es in die hervorragend restaurierte Altstadt von **Limburg** 26.

26 *Highlight* am Wegesrand

Limburg an der Lahn

Reise ins Mittelalter

Nur in wenigen anderen deutschen Städten ist die bis in das Mittelalter zurückreichende Bebauung so gut erhalten wie in Limburg. Von der Alten Lahnbrücke, von der aus man die Brückengasse betritt: Entlang gepflegter Fachwerkhäuser geht es hinauf zum Kern der Altstadt und zum Domberg.

Die Stadt liegt in einer Niederung zwischen Taunus und Westerwald, der Lahnübergang hatte schon früh eine große Bedeutung für die parallel zum Rhein verlaufenden Handelsströme. So wuchs die Stadt schnell und durfte schon 1180 eigene Münzen prägen. Zeitgleich wurde der **Sankt-Georgs-Dom** errichtet, für Kunsthistoriker ein besonders gelungenes Meisterwerk der spätromanischen und frühgotischen Baukunst. Der wertvolle Limburger Domschatz wird heute mit den Sammlungen des Diözesanmuseums in einem ehemaligen Burgmannenhaus (Leyensche Haus) ausgestellt.

Ebenfalls imposant ist die **Limburger Burg (Schloss),** die ursprünglich zum Schutz und der Überwachung des Lahnübergangs gebaut wurde und die Keimzelle der Stadt ist.

Fachwerkliebhaber und Romantiker werden von der unterhalb des Dombergs liegenden Altstadt begeistert sein: Hier finden sich in den Gassen unzählige Wohn- und Patrizierhäuser, so auch am **Kornmarkt**. Typisch für die Altstadt von Limburg sind die Hallenhäuser (z. B. in der Salzgasse), deren Untergeschosse zunächst aus einem großen Raum bestanden, in den Fuhrwerke zum Ent- und Beladen hineingeschoben werden konnten.

Viele Häuser stammen aus der Zeit der Gotik. Zwei Häuser wurden 1289 gebaut und zählen zu den ältesten erhaltenen Fachwerkhäusern Deutschlands. Nicht ganz so alt ist auch das **„Haus der sieben Laster"** von 1567 mit Schnitzereien an den Balkenköpfen, die die sieben Todsünden der Christenheit (Hochmut, Geiz, Neid, Unkeuschheit, Unmäßigkeit, Zorn und Trägheit) darstellen. Der vermutlich älteste Teil der Stadt ist der Fischmarkt mit Häusern aus dem 14. Jh., hier steht auch das Historische Rathaus, das von 1502 bis 1899 als solches genutzt wurde und heute die Städtische Kunstsammlung beherbergt.

Einen herrlichen Blick über Stadt und Umland bietet sich vom neugestalteten Lahnbalkon.

Von der Alten Lahnbrücke empfiehlt sich der Schlenker nach **Hadamar** 27.

Abweichend vom offiziellen Radweg, der auf der rechten Lahnseite bis zur Straßenbrücke und über diese auf die linke Lahnseite führt, kann man für die Weiterfahrt auf der Altstadtseite bleiben und dem Radweg wieder ab der Straßenbrücke entlang der Lahn folgen.

Traumstrecke nach Diez

Auf der Strecke nach Diez geht es weiterhin am Fluss entlang, auf Höhe von Aull, ein Stadtteil von Diez, wird Schloss Oranienstein passiert, das heute der Bundeswehr gehört.

Mit dem weithin sichtbaren hoch über der historischen Altstadt thronenden Sankt-Georgs-Dom, der 1315 erbauten Alten Lahnbrücke, der aus dem frühen Mittelalter stammenden Burg (Schloss), der komplett erhaltenen Altstadt und der rund 1000 m noch erhalten gebliebenen Stadtmauer zählt Limburg zu den schönsten Städten in Hessen und steht zur Gänze unter Denkmalschutz.

Die gewachsene historische Stadtstruktur mit alten Plätzen und hervorragend sanierten Fachwerkhäusern verströmt noch heute ihren mittelalterlichen Charme.

Schloss Oranienstein ist eines von vier nach dem niederländischen Haus Oranien benannten Schlössern in Deutschland. Das im 17. Jh. erbaute Schloss gehörte den Grafen bzw. Fürsten von Nassau-Diez. Der Hauptflügel des heutigen Schlosses wurde im 17. Jh. als Witwensitz von Fürstin Albertine Agnes in Auftrag gegeben, ihre Schwiegertochter Fürstin Amalie ließ es Anfang des 18. Jh. zu einem prächtigen Schloss ausbauen. Von den insgesamt 318 Räumen können einige

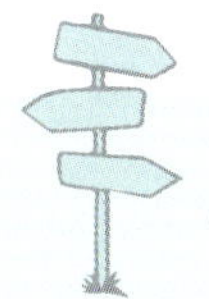

Abstecher ab Limburg: 7,5 km

Hadamar

Die Kleinstadt begeistert mit vielen beeindruckenden historischen Gebäuden rund um das barocke Fürstenschloss aus dem 17. Jh. Zu den vielen erhaltenen Fachwerkgebäuden zählen das Rathaus von 1639 und das Jesuiteninternat (frühes 17. Jh.) an der Limburger Pforte. Sehenswert sind die Liebfrauenkirche am Elbbach, eine gotische Hallenkirche aus dem Jahr 1376, als Stadtkirche genutzt und ein vielbesuchter Marienwallfahrtsort. Die barocke heutige Stadtkirche St. Johannes Nepomuk gehört zur Jesuitenresidenz (erbaut 1756/58) wie auch die Schlosskirche. Am Altstadtrand erhebt sich am Elbbach die ehemalige nassauische Residenz Schloss Hadamar, im Marstall befindet sich das Stadtmuseum.

Eindrucksvoll – das Rathaus von Hadamar

repräsentative Säle im Rahmen einer Führung besichtigt werden.

Immer näher kommt Diez, ehemalige Residenzstadt und eine der Perlen an der Lahn. Über eine recht steile Kuppe durchqueren wir den Diezer Vorort, radeln auf der anderen Seite wieder hinunter und müssen nun ein kurzes Stück neben der Straße fahren,

28 *Highlight* am Wegesrand

Diez

Fachwerkidyll zu Füßen der Burg

Der Fluss, eine nahe gelegene Furt und die höheren Lagen der Burg waren die drei Standortvorteile für eine Stadtgründung. Mitte des 11. Jh. wurde mit dem Bau der Burg begonnen, 1329 erhielt sie das Stadtrecht, danach wurde mit der Stadtbefestigung begonnen. Diez wurde Stammsitz der Grafen von Nassau-Diez, die im 17. und 18. Jh. als Statthalter in den Niederlanden Dienst taten und auf die das heutige niederländische Königshaus zurückgeht.

1796 kam es im Zuge des Ersten Koalitionskrieges zwischen Österreichern und Franzosen zu Kämpfen in Diez: Die Franzosen steckten die Häuserreihen vor der Brücke in Brand, um die Österreicher

aufzuhalten – die Altstadt brannte zu einem Großteil ab.

Die ehemalige Residenzstadt zählt zu den schönsten Städten an der Lahn, ein 2,5 km langer Rundweg führt zu den Hauptsehenswürdigkeiten der Altstadt unter dem Grafenschloss. Zu diesen zählen die Stiftskirche, der Alte Markt, das Haus Eberhard, die malerischen Gassen und Kunstobjekte im öffentlichen Raum. Infotafeln bieten kurze Erläuterungen und einen Kartenausschnitt mit Standortangabe. Gestartet wird am besten am Alten Markt.

Holländisches Viertel

Schul- und Kanalstraße bilden das sogenannte „Holländische Viertel", ein neu gegründetes Stadtviertel: Prägend ist hier die Aar, deren Lauf im 18. Jh. verlegt und anschließend eingefasst wurde. Das Flüsschen verläuft durch die neue Siedlung und erinnert an eine holländische Gracht, die angrenzenden Häuser wurden nach niederländischem Vorbild und von niederländischen Architekten gebaut. Drei Brückenbögen verbinden die Straßenzüge.

www.vgdiez.de

Burg Diez schon vor Augen. Der Radweg bringt uns direkt in die Altstadt von **Diez** 28.

Besonders Freunde romantischer Städtchen werden begeistert sein: Eine Bilderbuchszenerie mit einem hochmittelalterlichen Grafenschloss, das erhaben über der historischen Altstadt thront. Zur Burg führen viele Stufen hinauf, oben befindet sich die moderne Jugendherberge Diez, eine tolle Übernachtungsmöglichkeit.

Rund um den Alten Markt mit seinen hübschen Fachwerkhäusern finden sich schöne Plätze zum Ausruhen und Einkehren. Schön ist auch die Promenade an der Lahn. Diez ist ein kleiner „Traum" an den Flüssen Lahn und Aar.

Burg Ardeck

In Diez startet bzw. endet der **Aartal-Radweg** – erster Halt von Diez aus ist die **Ruine Ardeck** 29, die man auf einem kurzen Abstecher besuchen kann. Die spätmittelalterliche Höhenburg wurde nur bis 1727 bewohnt und zerfiel danach. Sie erhebt sich über dem Ort Holzheim und ist frei zugänglich.

Balduinstein mit der gleichnamigen Burgruine

Nach Diez sorgt auf der linken Uferseite in **Altendiez** ein Baggersee für Abkühlung. Am Beginn der folgenden Flussschleife ist auf der anderen Flussseite die Abfüllanlage der Staatlich Fachingen Heil- und Mineralbrunnen zu sehen. Das Mineralwasser zählt zu den bekanntesten in Deutschland, seit 1742 sprudelt hier das Mineralwasser.

Schließlich wird am Ende einer weiteren Flussschleife **Balduinstein** erreicht. Die kleine Gemeinde im unteren Lahntal wird überragt von der **Burgruine Balduin**, weitere Sehenswürdigkeiten sind **Schloss Schaumburg** im Westen (in Privatbesitz), der Portturm als Teil der alten Befestigungsanlage und der Bahnhof.

Wissenswertes im Gepäck

Schloss Schaumburg

Stein gewordener Traum

Das Schloss ist der in Stein erbaute Traum eines österreichischen Erzherzogs, der hier eine standesgemäße Residenz für sich, sein Gefolge und seine Gäste schaffen wollte. An der Lahn ließ er sich auf die mittelalterlichen Mauern der alten Burg zwischen 1850 und 1855 sein Märchenschloss bauen – im damals angesagten neugotischen Stil mit vier Türmen und einem 42 m hohen, achteckigen Hauptturm.

Auch die Außenanlagen mit Garten, Palmenhaus, Pavillon und Stallung wurden neu gestaltet.

Schloss Schaumburg vererbte der kinderlose Habsburger seinem Neffen. Heute ist die Schlossanlage in Privatbesitz, die weitere Nutzung derzeit noch nicht abschließend geklärt.

Balduinstein mit Schloss Schaumburg auf den Lahnhöhen

Essen, Trinken & Durchatmen

Ein kulinarischer Abzweig

Die kürzlich renovierte **Obermühle Limburg** am Fuß des Limburger Domfelsens bietet bei schönem Wetter eine Terrasse beim alten Wasserrad und einen Biergarten auf der benachbarten Farbmühlinsel. Im 13. Jh. mussten in der Mühle alle Limburger ihr Getreide mahlen. Gekocht wird deutsche Küche, es gibt saisonale Gerichte, Fisch und eine Auswahl für Vegetarier.

Wirtshaus Obermühle
Am Huttig 3
65549 Limburg an der Lahn
Tel. +49 6431 584 00 84
www.obermuehle-limburg.de

Der denkmalgeschützte **Alte Bahnhof** von Balduinstein ist ein spätklassizistisches Bauwerk von 1862. Liebevoll restauriert, kann man hier nun hervorragend einkehren: Das **Gleis-3** mit der **Lahnterrasse** ist ein schöner Biergarten, wo man neben kleinen Gerichten auch hausgemachte Kuchen, Kaffeespezialitäten und frisches Eis bekommt. Im Bahnhofsgebäude selbst befindet sich das **Kaffeehaus Stellwerk**.

Bahnhofstraße 19
65558 Balduinstein
Tel. +49 175 667 44 92
www.bahnhof-balduinstein.de

Dausenau

Streckenprofil

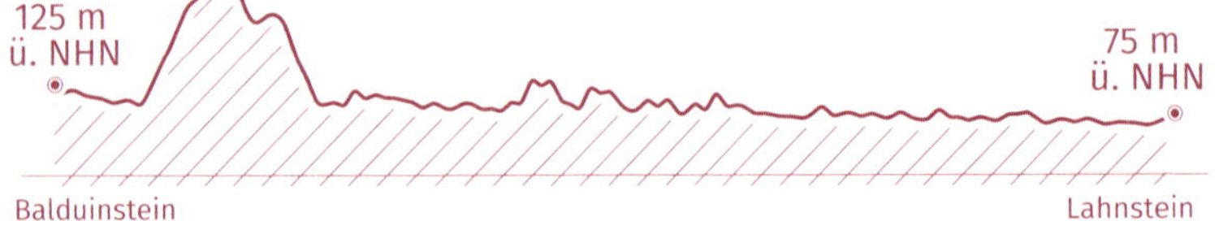

Spektakuläre Lahnschleifen

Ein paar Kilometer fehlen noch
Knapp 8 km lang ist die Lücke im Radweg zwischen Geilnau und Laurenburg. Ende 2020 wurde ein Förderbescheid über 2,6 Millionen Euro für den Lückenschluss überreicht; insgesamt wird für diese Strecke ein geschätzter Betrag von rund 3,6 Millionen Euro benötigt. Mit Vorarbeiten wurde 2021 begonnen.

Offiziell wird empfohlen, ab Balduinstein mit der Bahn nach Laurenburg zu fahren. Grund ist die derzeitige Streckenführung über Holzappel. Von Geilnau verläuft der Radweg derzeit über rund 3,5 km entlang einer kurvenreichen und für Radfahrer gefährlichen Kreisstraße steil bergauf nach Holzappel. Von dort rauscht man dann über Scheidt in rasanter, serpentinenreicher Fahrt steil bergab nach Laurenburg an der Lahn. Aber es gibt zwei zwar anstrengende, aber ungefährliche Alternativen nach Scheidt.

Über dem idyllisch gelegenen Ort **Laurenburg** mit Bootsanlegestellen und Gasthöfen erhebt sich die Ruine der **Burg Laurenburg.** Diese wurde Ende des 11. Jh. erbaut und ist der Stammsitz der Nassauer. Heute gehört sie einem Burgliebhaber, der mit dem Förderverein „Freunde der Laurenburg e.V." die Sicherung und Erhaltung der Burg zu seinem Lebenswerk gemacht hat. Sehenswert ist der Bergfried und das kleine Militär-Museum mit einer beachtlichen Sammlung an Helmen, Säbeln und Schusswaffen. Fantastisch ist der Blick vom mächtigen Bergfried (kann kostenfrei bestiegen werden) über das Lahntal und die Höhen von Westerwald und Taunus.

Auf dem Weg nach Nassau geht es weiterhin landschaftlich ausgesprochen schön am Wasser entlang in den Weinort **Obernhof**. Der Ort zwischen Westerwald und Taunus liegt umgeben von Weinlagen, drei Weingüter bau-

Varianten nach Scheidt bzw. Laurenburg

1. Über den Lahnhöhenweg
Von Gailnau an der Lahn entlang bis zum Schild „Lahnhöhenweg“. Ein Schild weist auf die 5 % Steigung hin, der Weg ist für Radfahrer freigegeben. Rechts abbiegen und dem Wanderweg folgen, der bald sehr steil wird. Im Schatten des Walds müssen rund 1 km geschoben werden. In Scheidt trifft man auf den offiziellen Radweg.

2. Durch den Wald nach Scheidt
Von Geilnau bis zur Schleuse, rechts an dieser vorbei zum Waldrand, dort links einen ansteigenden Waldweg wählen, einer Haarnadelkurve folgen und weiter ansteigend, dann abfallend nach Scheidt – entweder fahrend oder schiebend.

3. Treidelpfad
Von Geilnau bis zur Schleuse. Engagierte Bürger haben den extrem schmalen Treidelpfad soweit hergerichtet, dass man ihn bei trockenen (!) Bedingungen fahren oder schieben kann. Achtung: Der Weg fällt leicht zum Fluss hin ab, zudem muss man an kleinen Felsen vorbeidirigieren, was mit Gepäck herausfordernd sein kann. Es passieren immer wieder Unfälle!

Rechts zweigt der Lahnhöhenweg ab

en hier Wein auf einigen der letzten Rebflächen des Lahntals an. Mehrere gemütliche Weinstuben bieten die Lahnweine zum Verkosten an. Zu den Sehenswürdigkeiten des Ortes zählen neben dem Kloster Arnstein die schönen Fachwerkhäuser, die kleine Barockkirche sowie das 750 Jahre alte Schloss Langenau.

Oberhalb des Ortes liegt auf der linken Lahnseite die **Aussichtsplattform Goethepunkt,** die man zu Fuß erreichen kann. Von hier aus hat man einen besonders schönen Ausblick in den Westerwald und Taunus und auf die Lahnschleife.

In Obernhof wird die Lahn gequert, dann geht es zunehmend steiler hinauf zum **Kloster Arnstein (heute: Heiliges Orthodoxes Kloster Dionysios Trikkis & Stagon)** 30, das auf einem Felsenplateau hoch über der Lahn liegt. 2019 zogen in die historische Klosteranlage 12 griechisch-orthodoxe Schwestern ein.

Von der Klosterbalustrade hat man eine fantastische Aussicht. Gegenüber auf der anderen Flussseite liegt mitten im Wald **Schloss Langenau**. Auf Schloss Langenau befindet sich ein Weinlokal. Die Anlage ist während der Öffnungszeit des Lokals zugänglich.

Wissenswertes im Gepäck

Lahnwein

Eine alte Tradition wiederbelebt

In Obernhof und Weinähr finden sich die letzten Rebflächen des Lahntals. Sie erinnern an eine lange Tradition des Weinbaus, die bis ins 12. Jh. zurückdatiert.

Die Ordensbrüder des Klosters Arnstein hatten zwischen dem 12. und 16. Jh. mit Weinbergen von Laurenburg bis Lahnstein für eine beachtliche Ausdehnung des Anbaugebietes gesorgt. Seine Blütezeit erlebte der Lahnwein aber Ende des 16. und Anfang des 17. Jh. Von den einst 100 ha Rebfläche, die sich damals bis Marburg zogen, werden heute lediglich noch 7 ha bewirtschaftet. Auf zwei Weinlagen – dem **Obernhofer Goetheberg** und dem **Weinährer Giebelhöll** – werden die Reben gepflegt.

Das Hauptanbaugebiet lag ursprünglich bei Diez und Runkel, wo die Fürstlich Wiedische Kellerei bis in die Jahre nach 1950 den „Runkeler Roten" erzeugte.

Obernhof – Blick von der Lahnbrücke flussaufwärts

Der Limburger Wein hingegen besaß bereits im Mittelalter als „Ratzmann" einen eher abschreckenden Ruf, er schmeckte angeblich wie der Saft eines Holzapfels.

Einen letzten Aufschwung gab es in den 1880er-Jahren, als Moselwinzer brachliegende Rebflächen in Obernhof und Weinähr erwarben und an den Hängen des Lahntals statt Spätburgunder und Elbling nun Riesling und Müller-Thurgau anbauten. Heute wird neben Riesling auch Müller-Thurgau und Blauer Burgunder angebaut.

Alle Lahnwinzer sind gleichzeitig Gastronomen und Weinerzeuger, die ihre Weine in eigenen Weinstuben ausschenken. Das Lahntal gehört seit 1971 zum Weinanbaugebiet Mittelrhein. Das enge Tal, mehr als 1.200 Sonnenstunden und der Schieferboden ermöglichen hier den Anbau exzellenter Weine.

Vom 300 m über Obernhof gelegenen Goethepunkt bietet sich ein fantastischer Blick auf das Lahntal und die Weinberge.

Highlight am Wegesrand 30

Kloster Arnstein

Schön aus jeder Perspektive

Traumhafte Lage: Von oben wie auch vom Radweg bzw. Fluss aus ist die traumhafte Lage des Klosters auf einem Bergsporn zwischen Lahn und Dörsbach unübersehbar.

Schon 1052 wurde eine Burg Arnstein an der Lahn als Grafensitz erwähnt, erhalten blieben keine Reste, die Rückschlüsse auf das einstige Aussehen der Burg zulassen. Keine 100 Jahre später legte der letzte Graf Ludwig von Arnstein 1139 zusammen mit seiner Frau und einigen Rittern das Mönchs-gelübte ab und trat ins Kloster Arnstein ein, nachdem er einen Teil der Burg abreißen und einen anderen Teil zu einem Prämonstratenserkloster hatte umbauen lassen. Seine Frau lebte bis zu ihrem Tod in der Nähe des Klosters in einer Klause.

Ludwig lebte noch 47 Jahre als Mönch, die Fertigstellung der Klosterkirche erlebte er allerdings nicht mehr, sie wurde erst 1208 nach einer Bauzeit von 76 Jahren geweiht. Heute zählt sie zu den schönsten mittelalterlichen Bauwerken an der Unteren Lahn, das zwei Baustile vereint: die Romanik der Westtürme und die Gotik der achteckigen Osttürme.

Das Kloster stellte erst 1803 den Klosterbetrieb ein. Ende 2018 zogen die Arnsteiner Patres aus dem Kloster aus, heute lebt hier eine griechisch-orthodoxe Schwesterngemeinschaft.

Der Lahnradweg führt direkt am Kloster vorbei.

Kurvenreich durchs Untere Lahntal
Ein Hangweg führt nun vom Kloster Richtung Nassau, unterwegs genießen wir immer wieder Ausblicke auf Burg Langenau, aus jeweils ganz unterschiedlichen Ansichten. Vorbei an der Schleuse Hollerich geht es bergauf, bergab durch Wald, dann über Felder und schließlich mit einem letzten sehr heftigen Anstieg hinauf auf die Anhöhe, von der aus man einen wunderbaren Blick auf die am anderen Ufer liegende Stadt Nassau hat. So queren wir den Fluss auf der Brücke unterhalb der **Burg Nassau** 31; der Abstecher hinauf zur Burg lohnt sich. Im Zentrum von **Nassau** steht das Stadtschloss, das Steinsche Schloss.

Kloster Arnstein – Blick flussabwärts zur Elisenhütte

Mäander für Mäander

Auf dem Weg nach Bad Ems folgt der Radweg meist ufernah den Mäandern der Lahn. Am Prallhang eines perfekten Mäanders liegt das alte **Dausenau** 32. Schon Mitte des 14. Jh. erhielt der Ort Stadtrechte, vom 17. bis ins 19. Jh. hinein wurde dann Kupfer abgebaut, später kam der Weinbau hinzu (der heute wiedereingestellt ist). In der Altstadt finden sich schöne Fachwerkgebäude und eine 1100 Jahre alte Gerichtslinde. Einen kulturellen Schatz birgt die frühgotische St.-Kastor-Kirche: In der dreischiffigen Kirche finden sich sehenswerte Bemalungen und Wandfresken. Das Wahrzeichen des Lahnortes ist aber eher sein „Schiefer Turm", der zu der in weiten Teilen erhaltenen mittelalterlichen Ringmauer gehört. Nur eine Lahnschleife trennt das mittelalterlich anmutende Dausenau vom mondänen Kurort Bad Ems.

Wenn auf der rechten Lahnseite oberhalb des Ufers der **Concordiaturm** zu sehen ist, hat man bereits einen Vorort von Bad Ems erreicht. Schließlich erreicht man in Bad Ems die Touristinformation und gelangt von dort bequem über die Fußgängerbrücke auf die rechte Lahnseite ins Herz der schö-

Burg Nassau

Schön aus jeder Perspektive

Rund 600 m sind es von der Einmündung des Radwegs in die B260 hinauf zur Burg. Die auf einem Kegelfels 120 m oberhalb der Lahn gelegene Burg ist eine Höhenburg, deren Anfänge sich auf die erste Hälfte des 12. Jh. datieren lassen. Errichtet wurde sie zum Schutz der von Wiesbaden nach Koblenz führenden Handelsstraße (heute Bäderstraße). 1255 kam es zu langwierigen Erbstreitigkeiten und die Burg

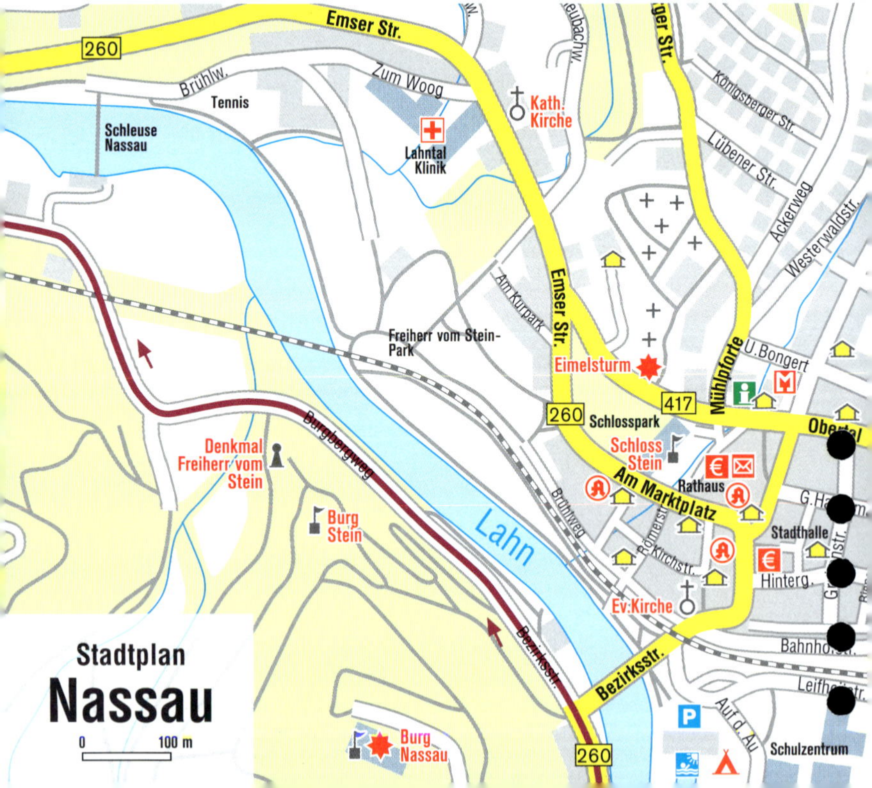

Stadtplan Nassau

wurde zu einer so genannten Ganerbenburg, d. h. zwei Geschlechter wohnten hier und teilten sich die Festungsanlage.

Der eindrucksvolle 33 m hohe, fünfeckige **Bergfried** wurde 1350 gebaut, er kann im Sommerhalbjahr besichtigt werden. Über einen Treppenturm gelangt man zu einer Aussichtsgalerie. Die Besuchszeiten richten sich nach den Öffnungszeiten der Burg-Schenke. Ebenfalls besichtigt werden kann ein dunkles Verlies.
www.burgnassau-oranien.de

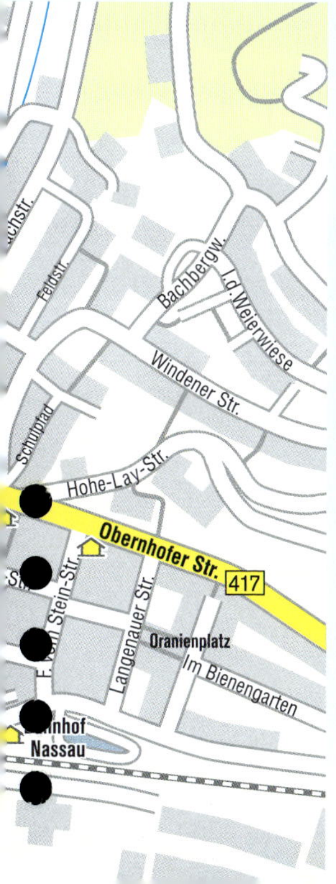

Eindrucksvoller Bergfried

Highlight am Wegesrand 

Bilderbuchstädtchen

Dausenau

Welch ein grandioser Anblick vom gegenüberliegenden Lahnufer auf die Altstadt! Die trapezförmige, im Mittelalter errichtete Stadtmauer umschließt den historischen Ortskern von Dausenau und ist zu einem Großteil erhalten. Zur 2 km langen Stadtbefestigung, die in der zweiten Hälfte des 14. Jh. erbaut wurde, gehörten einst 7 Türme und 7 Tore, Pforten und Durchlässe. Komplett erhalten ist allerdings nur der Torturm am Ortsausgang in Richtung Bad Ems – er ist 18,36 m hoch.

Die träge dahinfließende Lahn in Dausenau

Viel fotografiert – die historische Lahnfront von Dausenau

Zu einer gewissen Berühmtheit hat es der **Schiefe Turm** gebracht, er neigt sich um rekordverdächtige 5,22 Grad. Er war der wichtigste Turm der Stadtbefestigung, 25 m hoch und besonders wehrhaft. Schräg wurde er als Folge eines Straßenausbaus Anfang des 19. Jh. Damals wurde die Straße tiefer gelegt, danach begann der Turm sich zu neigen. Das originale Straßenniveau sieht man am Fuß des Turmes in der kleinen Auffahrt. Oberhalb der Häuser des historischen Ortskerns wurde die Mauer zum Teil in den Hang gebaut und ist so von überall zu sehen – ein Rundweg um die Wehranlage lohnt sich und bietet schöne Ausblicke.

Zu den meistfotografierten Motiven in Dausenau zählt die Lahnfront – eine Postkartenansicht. Sehenswert sind auch die gotische St.-Kastor-Kirche – sie zählt zu den interessantesten Kirchen des Lahntals – und die 1.000-jährige Gerichtseiche.

Das 1432 bis 1434 erbaute spätgotische Fachwerk-Rathaus mit einem massiven Steinsockel ist das zweitälteste seiner Art in Deutschland und wurde zur Lahn hin auf die Stadtmauer aufgesetzt.
www.historisches-dausenau.de/stadtmauerrundgang.html

nen **Kurstadt Bad Ems** 33. Hoch über dem rechten Flussufer ist auch der **Bismarckturm** zu sehen.
Auf der Fahrt durch die Kurstadt führt der Radweg in den Kurpark, vorbei an der Spielbank und vielen weiteren Prachtbauten.

Neben der Besichtigung der Sehenswürdigkeiten der Kurstadt lohnt sich auch die Stippvisite zum **Concordiaturm** 34 (siehe Roadbook) mit einem fantastischen Blick aus der Vogelperspektive (160 m über der Stadt) auf die Kurstadt, das Lahntal und die Höhen von Taunus und Westerwald. Der 1901 erbaute steinerne Turm mit einer Aussichtsplattform bildet den Eckpunkt des Felsenweges auf 265 Meter Höhe.

Bad Ems mit Bismarckturm

Direkt am Turm befindet sich ein Restaurant-Café mit Panoramaterrasse.

Noch ein weiterer Aussichtsturm kann besucht werden: der **Bismarckturm**, der auch bequem über die **Kurwaldbahn** erreichbar ist. Die Standseilbahn fährt mit 78%iger Steigung zur Bergstation Bismarckhöhe hinauf, von oben genießt man 132 m über der Lahn und der Stadt einen fantastischen Weitblick. Lohnend ist auch das Lokal mit einer Panoramaterrasse.
Die Stadt wird über die Victoriaallee verlassen. Der weitere Weg ist fantastisch, auch wenn er zeitweise recht schmal wird. Die Lahn bildet jetzt einen riesigen See, bevor sie über eine Stufe nach unten rauscht. Kanuverleih und Schleusen wechseln sich ab, in den

Highlight am Wegesrand 33

Bad Ems

UNESCO-Weltkulturerbe

Geadelt
Begeisterung in Bad Ems: Am 24. Juli 2021 erklärt die UNESCO, Bad Ems zusammen mit zehn weiteren europäischen Kurorten zum Weltkulturerbe zu adeln. Der Titel bescheinigt Bad Ems ein herausragendes kulturelles Erbe.

Die malerisch an den steilen Hängen des Taunus liegende Kurstadt verströmt mit ihren vielen Prachtbauten, die vom ehemaligen Reichtum als Bäderstadt und als einstiges des Erzabbaus zeugen, eine einzigartige Atmosphäre.

Die Kurtradition ist lang – 60 Jahre nach Erhalt des Stadtrechs 1324 wurden um 1382 erste Kurgebäude errichtet. Grund dafür waren die gerade entdeckten warmen Quellen, bis heute sind es 15 salz-, mineral- und kohlensäurereichen Heilquellen. Gefasst sind diese u. a. im Quellenturm. Ende des Mittelalters unterhielten hier die Erzbischöfe von Mainz und Trier eigene Kurhäuser.

Weltbad Bad Ems
Lange war Bad Ems Deutschlands berühmtester Badeort, zu seiner Blütezeit im 19. Jh. sogar „Weltbad“. Im einstigen Kaiserbad tummelten sich im schicken Ort Vertreter des Hochadels, der Kunst und Wissenschaft und Gelehrte. So war es durchaus möglich, auf den Kurpromenaden Kaiser Wilhelm I. oder Zar Alexander II. beim Flanieren zu begegnen. Kuren in Bad Ems – das war in der Kaiserzeit das Golfen von heute – hohe Politik und ein einträgliches Geschäft.

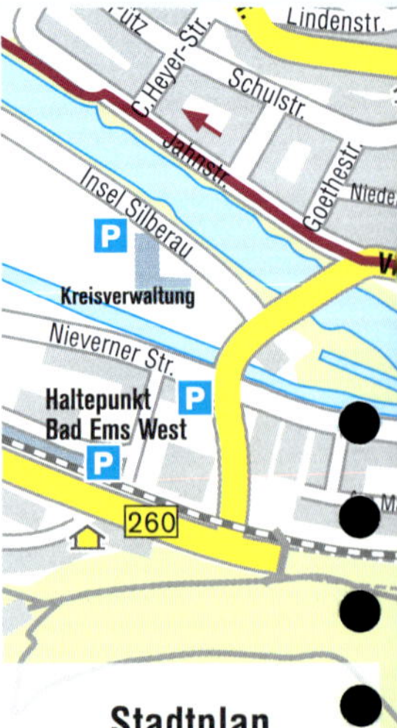

Herrlicher Blick flussaufwärts auf Bad Ems und den Concordiaturm

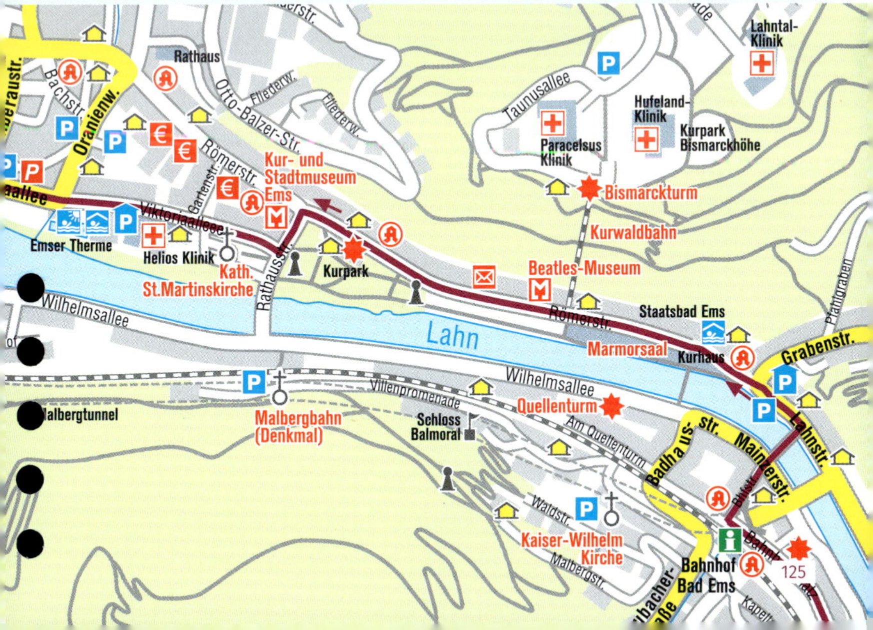

Bad Ems

Inspiration für Meisterwerke
Dostojewski schrieb in Bad Ems an seinem letzten Roman „Die Brüder Karamasow", Richard Wagner vollendete im **Künstlerhaus Schloss Balmoral** seine Oper „Parzifal". Jacques Offenbach arbeitete 12 Jahre als Konzertmeister in Bad Ems, viele seiner Werke wurden im Marmorsaal uraufgeführt.

Wer es sich leisten konnte, baute sich eigene Residenzen – dazu zählten viele Monarchen und Künstler. Das spiegelt sich in einer traumhaften Stadtkulisse mit prunkvollen Barockbauten neben herausragenden Beispielen der Bäderarchitektur und des Klassizismus wider. Zu den Highlights zählen das barocke **Badschloss**, das **Kurtheater** und die **Spielbank**. Die Geschichte des berühmten Heilbads erzählt das K**ur- und Stadtmuseum** in der Römerstraße nach.

Im Gefolge des russischen Zaren kamen viele russische Gäste in die Kurstadt und wünschten sich schon bald eigene Gottesdienste. 1857 beschloss der Stadtrat daher den Bau der **Russisch-Orthodoxen Kirche St. Alexandra**. Sie wurde 1876 der hl. Alexandra geweiht. Als Vorbild diente die Christi-Erlöser-Kirche in Moskau.

Ganz in der Nähe steht die im spätklassizistischen Stil errichtete **Villa „Schloss Balmoral"**, von einem russischen Gutsbesitzer errichtet und später von einem anderen Besitzer als Hotel genutzt – daher auch der Name. Zu den illustren Gästen zählte auch Richard Wagner. Heute leben im Künstlerhaus Stipendiaten der zeitgenössischen Bildenden Künste.

Herbststimmung an der Lahn vor Lahnstein

Lahnarmen und Kanälen liegen Motoryachten. Die Berge links und rechts der Lahn erreichen nun stattliche Höhen.

Wir erreichen das Stadtgebiet von Lahnstein. Rechts ist das auf dem **Allerheiligenberg** erbaute gleichnamige Kloster mit der Klosterkirche, am linken Lahnufer erhebt sich stolz **Burg Lahneck**.

Auf Höhe von Friedland (linkes Lahnufer) bietet sich der Abstecher zur **Ruppertsklamm** 35 an, die man nur zu Fuß erwandert. Die 2 km lange Felsenschlucht, die der Wildbach in den Felsen gegraben hat, liegt in einem kleinen Seitental der Lahn.

Lahnstein 36 liegt an der Mündung der Lahn in den Rhein und hat zwei Stadtteile: Niederlahnstein liegt nördlich der Lahn, Oberlahnstein südlich des Flusses. In der kleinen Stadt gibt es gleich zwei Burgen, eine schöne Altstadt mit hübschen Fachwerkhäusern, ein sehenswertes Rathaus und Reste der mittelalterlichen Stadtmauer mit urigen Stadtmauerhäuschen.

Lahnstein

Highlights am Wegesrand

35 Ruppertsklamm

Die Klamm gehört zu den schönsten Teilstücken des Rheinsteigs und kann erwandert werden. Der Wanderweg ist steil und teilweise mit Seilen gesichert und daher mit dem Fahrrad nicht zugänglich. Insgesamt beträgt der Höhenunterschied 235 m.

An der B260 gibt es eine Parkbucht, von der aus man startet, vorbei am hölzernen Eingangstor. Nach einem kurzen Spaziergang folgt der abenteuerliche und steilere Teil des Weges, der teilweise durch Drahtseile gesichert ist. Über Geröll und kleine Brücken geht es moosbewachsen immer tiefer in die Schlucht, begleitet vom Plätschern und Glucksen des Wildbaches. Der dicht am Wasser langgeführte Pfad ist meist unbefestigt (gutes Schuhwerk anziehen!) und wird über neun Brücken und Stege und einige Furte mit Trittsteinen geführt. Nach rund 40 Minuten erreicht man eine unbewirtschaftete Schutzhütte.

Zum Allerheiligenberg
Eine nette Runde führt zum Allerheiligenberg mit dem ehemaligen Kloster fortsetzen. Von der Allerheiligen-Kapelle genießt man einen fantastischen Blick auf Lahn und Rhein.

Von der Klosteranlage geht es in die Siedlung und links weiter über die Ringstraße Am Allerheiligenberg zur nach Süden abzweigenden Stichstraße In der Grub. Von dort führt ein Pfad hinunter zur Bundesstraße und der Bahnlinie. Vor der Bahnlinie folgt man dem Fußweg zurück zum Eingang der Schlucht.

36 Lahnstein

Stadt an Lahn und Rhein

Lahnstein mit den Stadtteilen Niederlahnstein (rechtes Lahnufer) und Oberlahnstein (linkes Lahnufer) muss im Mittelalter sehr eindrucksvoll gewesen sein: Die 1324 erbaute 8 m hohe Stadtmauer soll einmal 1280 m lang und von 16 Türmen gekrönt gewesen sein. Erhalten ist noch der überdachte Wehrgang und der **Hexenturm**, einst Gefängnis und Treffpunkt der Schöffen.

Die zweite Burg der Stadt, das **Kurfürstliche Schloss Martinsburg**, liegt direkt am Rhein in Niederlahnstein und ist eine der wenigen Rheinburgen, die nie zerstört wurden. Wie viele Burgen am Rhein war sie als Zollburg der Erzbischöfe und Kurfürsten von Mainz gebaut

Hoch über der Lahn erhebt sich Burg Lahneck

worden. Die Burg ist in Privatbesitz, der Burggarten und Innenhof sind aber zugänglich. Der 28 m hohe Hauptturm war übrigens Teil der einstigen Stadtbefestigung.

Aus dem 15. Jh. stammt das schöne **Alte Rathaus** am Marktplatz in Oberlahnstein, das seit über 500 Jahren zu den Wahrzeichen der Stadt gehört. Das gesamte Gebäude zählt zu den ältesten Fachwerk-Rathäusern Deutschlands. Im Haus wurden die Geschicke der Stadt gelenkt, aber auch Gericht gesprochen und in der älteren, noch im hochgotischen Stil errichteten Halle im Erdgeschoss ein Markt abgehalten. Das Rathaus vereinigte somit unter seinem Dach Selbstverwaltungs-, Gerichts- und Marktrecht, neben dem Recht auf Errichtung einer Stadtmauer die drei wichtigsten Errungenschaften, die Oberlahnstein durch die Verleihung der Stadtrechte 1324 zugesprochen wurden. Heute befinden sich im Alten Rathaus das Stadtarchiv und das Heimatmuseum. Der barocke Dachreiter trägt die Feuerglocke.

Zu den Wahrzeichen der Stadt zählt auch das **„Wirtshaus an der Lahn“**, ein Fachwerkhaus mit drei Stockwerken und einem Wehrturm von 1348, der zunächst als kurfürstliche Zollstation genutzt wurde. Die Gaststätte selbst gibt es seit 300 Jahren. Hier kehrte schon Goethe ein.
www.lahnstein.de

Lohnenswerter Schlenker

Burg Lahneck 37

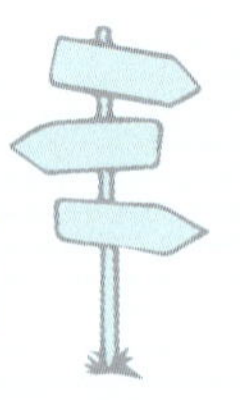

Abstecher ab Lahnstein: 3,5 km

Sie ist das weithin sichtbare Wahrzeichen der Stadt – hoch über der Lahn auf einem Felssporn erbaut. Die Burg hat die Form eines länglichen Rechtecks, wie sie typisch für spätstaufische Burgen war. Der Mainzer Erzbischof und Kurfürst Siegfried III. von Eppstein baute Lahneck zum Schutz der Lahnmündung um 1245. Der imposante, fünfeckige Bergfried ist 29 m hoch, an der Nordseite erhebt sich der Palas. Während des Dreißigjährigen Krieges wurde Lahnstein ausgeraubt und stark beschädigt, während des Pfälzischen Erbfolgekriegs von französischen Truppen weitgehend niedergebrannt.

Neuanfang

Zwischen 1852 und 1937 wurde die Burg im Stil englischer Gotik vom schottischen Eisenbahnunternehmer Edward A. Moriarty neu gebaut, seitdem befindet sie sich in Privatbesitz. Seit 2002 ist sie außerdem Teil des UNESCO-Welterbes Oberes Mittelrheintal. Die Burg kann im Sommer besichtigt werden – sowohl die Gesamtanlage als auch die wertvolle Innenausstattung sind sehenswert.

Die Burgschenke und die Terrasse mit Blick auf Lahn- und Rheintal lädt zur Einkehr ein.
www.burg-lahneck.de

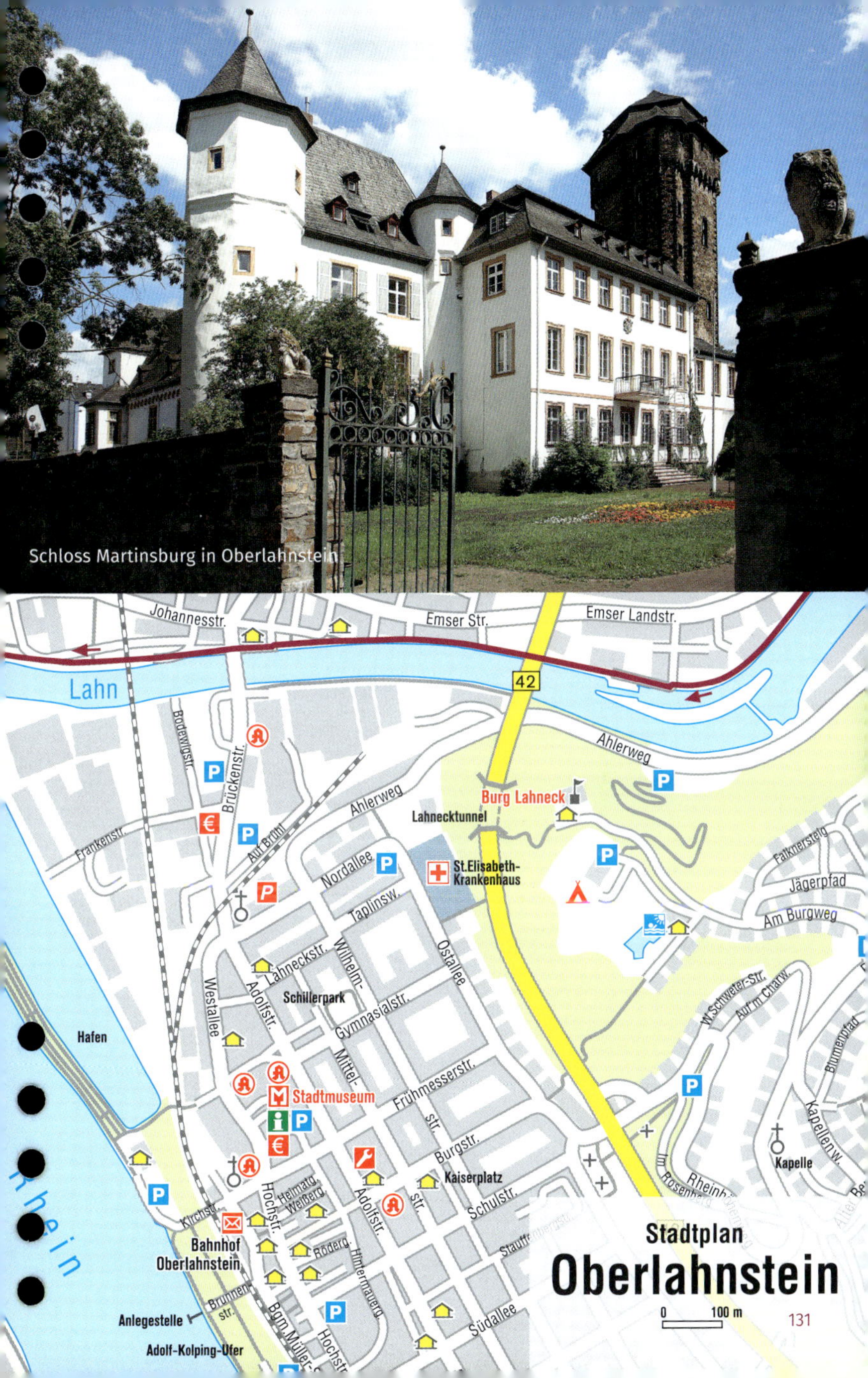

Schloss Martinsburg in Oberlahnstein

Der Lahnradweg endet schließlich am **Bahnhof von Niederlahnstein**.

Am Historischen Wirtshaus am rechten Lahnufer starten die Abstecher zur **Burg Lahneck** 37 oberhalb von Oberlahnstein und zur **Marksburg** 38 hoch über dem Rheintal und Braubach. Die Marksburg ist die einzige nie zerstörte Höhenburg am Rhein, die als mittelalterliche Wehranlage komplett erhalten ist. Ein Traum von Burg!

Zum Abschluss ein Stück am Rhein entlang

Wer Zeit hat, kann die Radtour ins nahe **Koblenz** verlängern: Auf diese Weise fährt man noch ein paar Kilometer am Rhein entlang. Gegenüber vom Deutschen Eck kann man bequem mit der Fähre über den Rhein übersetzen. Am **Deutschen Eck** mündet die Mosel in den Rhein, diesem Zusammenfluss verdankt die Stadt auch ihren Namen. Gleich daneben bietet sich die Möglichkeit, mit einer Seilbahn über den Rhein zur gegenüberliegenden **Festung Ehrenbreitstein** zu schweben. Spektakulär ist der Blick auf die 118 m tiefer liegenden Flüsse und die Stadt mit ihrer 2000 Jahre alten Geschichte. Ehrenbreitstein ist die zweitgrößte erhaltene Festung Europas, sie wurde in ihrer heutigen Gestalt zwischen 1817 und 1828 erbaut. Oben befindet sich neben Ausstellungen auch die Jugendherberge Koblenz.

Zum Hauptbahnhof radelt man am Rhein entlang, vorbei am **Kurfürstlichen Schloss Koblenz**, das zu den bedeutendsten Schlossbauten des französischen Frühklassizismus in Südwestdeutschland zählt und ist eines der letzten Residenzschlösser, das unmittelbar vor der Französischen Revolution in Deutschland gebaut wurde.

Koblenz: Blick von der Festung auf die Mündung der Mosel in den Rhein

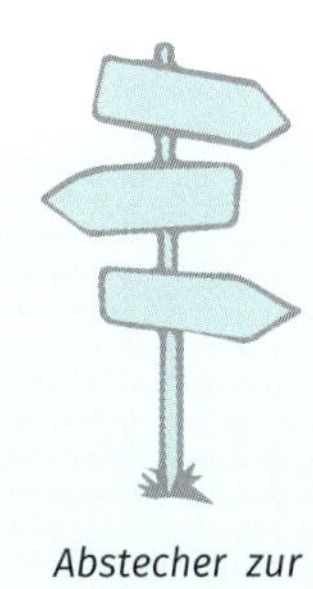

Abstecher zur Marksburg ab Lahnstein: 6 km

Lohnenswerter Schlenker

Marksburg 38

Reise ins Mittelalter

Im Mittleren Rheintal findet sich im Durchschnitt alle 2,5 km eine Burg – über 40 von ihnen sind in mehr oder weniger gutem Zustand erhalten! Doch viele der Burgen, die so romantisch auf den Höhen thronen, wurden erst im 19. und 20. Jh. neu errichtet. Denn fast alle Burgen waren Ruinen, zumeist durch die Schweden im Dreißigjährigen Krieg oder durch französische Truppen im Pfälzischen Erbfolgekrieg 1689 zerstört, andere nicht mehr bewohnt und schließlich verfallen. Im Zeitalter der Romantik wurden viele wieder auf- oder ausgebaut, z. B. Lahneck und Burg Stolzenfels am anderen Rheinufer. Zu den wenigen Rheinburgen, die wirklich noch unzerstört sind, zählt die Marksburg.

90 m über dem Rheinort Braubach wurde die imposante Festung zwischen dem 13. bis 15. Jh. auf einem Schieferkegel erbaut, mit Bergfried, verschiedenen Gebäuden, Zwingern und Bastionen. Bei einer Führung bekommt man die typischen Innenräume wie Burgküche, Rittersaal, Kemenate, Kapelle, Rüstkammer, Weinkeller, Wehrgänge und Turmstuben zu sehen.

Von der Marksburg führt der **Burgenlehrpfad** hinunter zu Schloss Philippsburg in Braubach. Das Schloss wurde 1568 bis 1571 als Witwensitz für die Gemahlin des Landgrafen Philipp II. von Hessen-Rheinfels errichtet.

www.marksburg.de

ALTES WIRTSHAUS AN DER LAHN

Essen, Trinken & Durchatmen

Ein kulinarischer Abzweig

Das Motto des **Restaurants VONUNDZU** im liebevoll restaurierten Alten Kursaal Bad Ems ist: Lecker. Locker. Liebenswert. Wöchentlich gibt es andere Gerichte, die Zutaten stammen von regionalen Anbietern. Von März bis September ist draußen der Sommergarten geöffnet.

Restaurant VONUNDZU
Römerstraße
56130 Bad Ems
Tel. +49 2603 509 98 49
www.vonundzu-badems.de

Das denkmalgeschützte **Historische Wirtshaus an der Lahn**, in dem schon Goethe 1774 einkehrte, bekocht seine Gäste mit frischen Zutaten aus der Region. Auf der Karte finden sich Klassiker, aber auch moderne kreative Gerichte, dazu eine Auswahl an Weinen vom Mittelrhein.

Historisches Wirtshaus an der Lahn
Lahnstraße 8
56112 Lahnstein
Tel. +49 2621 627 96 70
www.wirtshaus-an-der-lahn.info

Der Lahnradweg

Von der Quelle bei Feudingen bis zur Mündung in den Rhein

Teil 2
Roadbook

Auftakt - Von Feudingen durchs Ilsetal zur Lahnquelle und von dort lahnabwärts zurück nach Feudingen (23 km):

1 **Start** am **Bahnhof Feudingen:** mit dem Bahnhofsgebäude im Rücken → links in die *Sieg-Lahn-Straße*, nach dem Linksbogen und der Bushaltestelle → links in die Straße *Im Großen Hof* und *Zum Ilsetal/K35* Richtung Bad Laasphe, nach dem Linksbogen die Lahn queren und weiter dem Straßenverlauf folgen →

2 → in der Rechtskurve über die Brücke die Ilse queren → rechts halten und weiterhin der K35 und der Ilse flussaufwärts folgen → die *K35* mündet in die von links kommende *K17* ein, weiter auf der *K17* geradeaus und bergauf bis **Heiligenborn** → am Ortsende weiter der *K17* für 2,5 km im Auf und Ab folgen

3 an einer Straßengabelung → rechts vor zum **Wanderparkplatz Lahnhof** → rechts vor zur **Lahnquelle**

4 Von der **Lahnquelle** auf dem Hinweg zurück, am Landgasthof Zum Lahnhof vorbei und danach

5 → links in einen unbefestigten Weg, die junge Lahn wird gequert, nach 2,5 km weiter auf Asphalt auf der *Glashütter Straße* über Welschengeheu und Glashütte (Hotel Jagdhof Glashütte) nach **Volkholz** → im Ort nach der großen Weggabelung kurz geradeaus und beim letzten Haus auf der linken Seite

6 → rechts in einen Wirtschaftsweg, über die Lahnbrücke → links weiter bis zu einer T-Kreuzung (links ein Schuppen)

7 → dort rechts, vor dem Haus in der Weggabelung → links auf eine Teerstraße (*Zum Eichholz*), dem Straßenverlauf am Hang entlang in den Ort **Feudingen** folgen, nach der Lahnbrücke (und vor der Vorfahrtsstraße)

8 → rechts in die Straße *Auf den Weiherhöfen*, am Ende an der T-Kreuzung treffen wir wieder auf die *K35* (*Zum Ilsetal*). Von diesem Punkt geht die Wegbeschreibung auf Seite 141 / Wegpunkt 2 weiter.

RÜPPERSHAUSEN
STEINBACH
HOLZHAUSEN
Kratzenberg
571
Wiesentäler Bad Laasphe
Burg
533
Gr. Goldkaute
591
Alexanderstein
Hülshofer Grund
Hainrod
614
Hackler
BERMERSHAUSEN
SASSMANNSHAUSEN
FEUDINGEN
Vogelsang
Doerr
START
Feudingen
Feudingerhütte
Wahlbachsmühle
Lahn-Ferien-Str.
Gottelsberg
570
Im Einöd
Huteweiher
Gr. Buchholzberg
549
Fried-Reiserberg
533
wald
Bracht
Neuntel
593
Hotel im Auerbachtal
Rollschuhbahn
Im Boden
Petersberg
570
Breitenbach
Geiersnest
553
Friedrichshammer
Frühstücksbuche
Teichenkopf
499
KUNST-WITTGENSTEIN
Alte Burg
553
Schloss Wittgenstein
Teufelskanzel
Fang
466
Radiomuseum
Pilzkundl. M.
Friedrichshütte
Carlsburg
BAD LAASPHE
Rote Hardt
477
Forsthaus Litzelbach
HERBERTSHAUSEN
Kennerblick
522
Dörnberg
600
Ilsetal
Weidelbacher Haupt
584
Inthalberg
536
LAASPHERHÜTTE
558
BANFE
Wartholzkopf
Gebrannter Kopf
512
Entenberg
535
Forsthaus Ilsen

Start am Bahnhof Feudingen in Richtung Biedenkopf:

❶ Mit dem Bahnhofsgebäude im Rücken → links in die *Sieg-Lahn-Straße*, nach dem Linksbogen und der Bushaltestelle → links in die Straße *Im Großen Hof* und *Zum Ilsetal/K35 in* Richtung Bad Laasphe, nach dem Linksbogen

❷ der Straße Zum Ilsetal nach Osten folgen und die junge Lahn queren. Weiter dem Straßenverlauf folgen. Beim möglichen Abzweig ins Ilsetal →

❸ → links in die *Hüttenstraße und* durch **Feudingerhütte**, geradeaus aus dem Ort und leicht bergan in den Wald, im Wald der Beschilderung rechts folgen nach **Wahlbachsmühle**

❹ nach den Gebäuden rechts, dann links und am Hang entlang zum Ortseingang von **Bad Laasphe** (Gewerbegebiet), der Weg mündet in die *L718* ein → links, die Gleise queren und vor zur *B62* → rechts der Bundesstraße bis ins Zentrum von Bad Laasphe folgen

❾ auf Höhe des Wittgensteiner Hofs → links in die *Königstraße*

❿ → links in die *Schloßstraße* (Wegweiser) und auf dieser zum **Schloss Wittgenstein**

Am *Wilhelmsplatz*→ links in die *Königstraße* für einen Besuch der Altstadt von **Bad Laasphe**.

Weiter der Bundesstraße (*Bahnhofstraße*) bis zum Kreisverkehr folgen → rechts in die Straße *In der Stockwiese*, nach dem Bahnübergang durch das Gewerbegebiet der Straße bis zur T-Kreuzung folgen → rechts in die *Industriestraße*, nach der Lahnbrücke

❺ → links in die *Lahnuferstraße*, nach dem Logistikzentrum → links zu einer T-Kreuzung → links erneut über die Lahn, bei den Häusern → rechts und über die Felder, der Weg macht einen starken Linksbogen (Planetenpfad) → links und nach dem Bach → links, die Schienen queren (rechts steht die Trafostation mit dem **Industriemuseum Amalienhütte**.

6 rechts am Weiher vorbei, die *B62* queren → rechts in die *Wallauer Straße*, später *Alte Straße* nach und durch **Wallau** bis zu einem Kreisverkehr

7 → rechts die zweite Abfahrt (*Hohe Straße*) → links in die *Georg-Müller-Straße* → rechts in die *Untere Lahnstraße*, die Lahn queren, danach die zweite Straße links ab und parallel zu Bahntrasse ins Gewerbegebiet von **Ludwigshütte** (*Sennerweg*).

11 am Ende des *Sennerwegs* → links über die Lahnbrücke zur *Wittgensteiner Straße* → rechts und am Kreisverkehr die dritte Ausfahrt (*B253*) nehmen, den Wegweisern Richtung „Sackpfeife" folgen

12 → nach 4,2 km links abbiegen (Wegweiser) und für 3,8 km der Straße bis zum **Kaiser-Wilhelm-II.-Turm** auf der **Sackpfeife** folgen.

8 Der *Sennerweg* geht bei der Lahnbrücke in die *Hüttenstraße* über, die Bahngleise queren → danach um das folgende Gebäude herumfahren, die *B253* unterqueren → geradeaus, zunächst parallel zur Bundesstraße *B62*
9 von der *B62* weg zur Lahn, am Fluss entlang → bei den ersten Häusern → links in die Straße *Am Roten Weg*
10 vor der Lahnbrücke *(Obermühlsweg)* → rechts und am Sportplatzgelände (links) vorbei nach Biedenkopf, der Radweg mündet in die *Lindenstraße* ein, links geht es zur
11 Lahnbrücke nach **Biedenkopf/ZIEL.**

Über die Lahnbrücke, dann der *Bachgrundstraße* folgen, an der Y-Kreuzung → rechts weiter auf der *Bachgrundstraße*, die Gleise queren und vor zum *Marktplatz* von **Biedenkopf**.

Start

❶ Auf Höhe der **Lahnbrücke** ins Zentrum von **Biedenkopf** weiter geradeaus auf der *Lindenstraße*, unter der *B62* hindurch und schräg-links auf der Straße *Am Altenberg* am Altenheim vorbei in den Wald, es geht bergauf

❷ bei den ersten Häusern oben links halten, es geht bergab, nach der Kläranlage → rechts parallel zur Bahnstrecke bis zu drei Gebäuden (auf der rechten Seite)

❸ → links auf den Radweg, über die Lahnbücke und entlang der *B453* ins Gewerbegebiet von **Eckelshausen** → rechts in die *Kirchstraße* → gleich wieder rechts in die Straße *An der Biegenwiese*, dieser über die Felder bis zur T-Kreuzung *Lahnstraße* folgen → rechts in die *Lahnstraße*

❹ vor dem Bahnübergang (links **Bahnhof Friedensdorf**) → links auf den Radweg und parallel zur Bahntrasse, beim nächsten Bahnübergang → links in die Straße *In der Lache*, diese macht einen Rechtsbogen zurück zur Bahntrasse, die Gleise queren und gleich → links auf dem Radweg parallel zu den Gleisen → links erneut die Gleise queren, über den Hüttengraben, danach → rechts zur Vorfahrtsstraße → links der Straße bis zur nächsten Kreuzung folgen

❺ → rechts in die Straße *Carlshütte*, die Gleise queren → links in die Straße *Im Irrlachfeld* und entlang der Bahn-

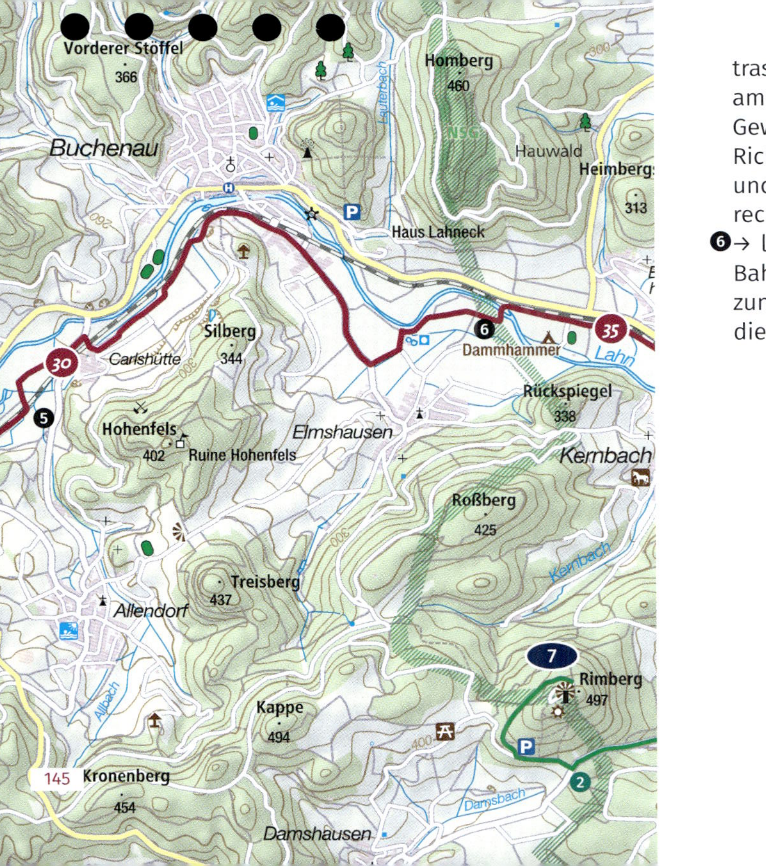

trasse ins **Gewerbegebiet** von **Buchenau (Lahn)** → rechts am Parkplatz vorbei und auf der Straße *Am Seerain* das Gewerbegebiet verlassen. Auf der *Buchenauer Straße* Richtung Elmshausen, vor den ersten Häusern → links und nochmals links an der Kläranlage vorbei zur Lahn → rechts dem Radweg über die Felder folgen

6 → links über die Lahnbrücke und → rechts entlang der Bahn auf der Straße *Zum Dammhammer* bis zur T-Kreuzung → rechts in den *Försterweg*, dann *Dorfstraße*, über die Lahn und auf der *Dorfstraße* nach **Kernbach**, die

Vorderer Stöffel
366
Buchenau
Homberg
460
NSG
Hauwald
Heimbergskopf
313
Haus Lahneck
274
Warzenbach
Forsthaus Wollenberg
Nornwand
Becker-
stein
Wichtelhäuser
385
Hohlstein
Brungers-
hausen
Kernbachswand
Wollenberg
297
Forsthaus
Sterzhausen
Steingraben
Am Goldberg
Sterzhausen
Carlshütte
Silberg
344
Dammhammer
Lahn
Rückspiegel
338
Hohenfels
402
Ruine Hohenfels
Elmshausen
Kernbach
62
Eichquelle
Wollenberg
Rodenhäuser
264
Lahn-Ferien-Straße
Wüstung
Helmers-
hausen
Michelbacher Mühle
Roßberg
425
Kernbach
Mühlgr.
Brückerhof
Debushof
Treisberg
437
Allendorf
Feiselberg
413
Caldern
Hotel
Calantra
Galgengrund
Rimberg
497
Kappe
494
Erlenbach
319
Burg Caldern
Allbach
Kronenberg
454
Damsbach
Damshausen
Störner
Elnhauser Graben

Dorfstraße macht einen scharfen Linksbogen, weiter auf der *Dorfstraße* zum letzten Haus auf der linken Seite

7 → links in der Straße *Zum Campingplatz*, nach einem Parkplatz an der folgenden Weggabelung → links zur *K75 (Kernbacher Straße)*, in Fahrtrichtung weiter nach **Caldern**, auf der Kernbacher Straße bis zur links abzweigenden Mühlenstraße

1 der *Kernbacherstraße* weiter folgen, bis diese in einer Rechtskurve in die *Rimbergstraße* übergeht, dieser durch den Ort und durch die Felder folgen

2 an einer Weggabelung rechts und hinauf zum **Rimbergturm.**

8 → links in die *Mühlenstraße*, dem Verlauf der Straße zur Lahn folgen, nach der Lahnbrücke weiter auf der *Mühlenstraße* bis zur Einfahrt in den Sportplatz → rechts auf den Teerweg Richtung Cölbe, nach der Unterführung mündet der Radweg in die *Michelbacher Straße* in **Sterzhausen** ein

9 der *Michelbacher Straße* durch den Ort folgen, nach der Querund der Gleise → rechts in den *Dammweg*, am **Bahnhof Sterzhausen** vorbei, am Ortsende erneut rechts

Steinberg
Wüstung Bringsfelden
233
Lahntal
Sterzhausen
Roden-Bach
Göttingen
Wetschaft
Reddehausen
303
ehem. Wasserburg
Rotes Wasser
Rondehäuser Mühle
Maximilianenhof
Chaussee-haus
62
Bahnhof Sarnau
Sarnau
Eibenhardt
302
Bernsdorf
Hippersberg
304
Goldberg
294
Solarpark
3
Bürgeln
Eisenberg
260
Goßfelden
Rickshell
332
Heideberg
296
Cölbe
Am Heideberg
Bernsdorfer Kuppe
282
NSG
Buchholz
Lahn-Ferien-Straße
Cölbemühle
Ohm
Wehrholz
Salzgraben
Ruine Weißenstein
Im Biegen
Galgengrund
MICHELBACH
Auf der Kupferschmiede
283
Bürgeler Gleichen
GINSELDORF
Lahn
Deutsche Märchenstr.
Mosenberg
Marbergsborn
Hohenstein
277
Wolfsloch
Katharinenberg
356
WEHRDA
NSG
299
Görzhausen
Gebrannter Berg
340
Vogelheerd
370
Bruders-häuschen
WALDTAL
326
Wüstung Nonnenhausen
10
45
11
12
50
13
14
15
55

die Gleise queren → links halten und rechts der Gleise weiter nach **Goßfelden,** beim **Gewerbegebiet** rechts in die Straße *Am Rodenbach*, die nächste → links und → rechts in die *Bahnhofstraße*, auf dieser vor zur *Lindenstraße* → links und

❿ → rechts weiter parallel zu den Gleisen, dem Rechtsbogen der Straße folgen, am Rastplatz → links in die Straße *In der Lache* vor zur *Hauptstraße* in **Sarnau**

⓫ → links in die *Hauptstraße*, an der Kreuzung rechts in die *Biedenkopfer Straße* und beim Haus → rechts auf die Felder bis zu den Gleisen → rechts und beim Bahnübergang links über die Gleise → rechts entlang der Bahngleise zur **Radbrücke (Steg)** über die Lahn (links die Einmündung der Wetschaft in die Lahn)

⓬ weiter auf dem Radweg bis zum Ortsanfang von **Cölbe**

⓭ an der T-Kreuzung (Baumgruppe) → links-rechts und weiter auf dem Radweg durch die Felder zur *Kasseler Straße* → links auf den Radweg neben der *Kasseler Straße* durch **Cölbe**, nach dem Sportplatz geradeaus über die Lahn

⓮ nach der **Lahnbrücke** → rechts, der Radweg mündet in die Straße *Auf der Kupferschmiede*, in einer Linkskurve vor zu den Schienen → links und auf der Straße *Am Bahndamm* unter der Straßenbrücke hindurch und dem Straßenverlauf an den Gleisen entlang zu einem Kreisverkehr folgen, geradeaus weiter auf der Straße *Am Schwarzborn*, in der Rechtskurve (nach dem großen Parkplatz) → links und geradeaus zu einer T-Kreuzung

⑮ → links und über die Felder bis zu den Sportplätzen, zwischen diesen hindurch, an der Weggabelung → links bis zur Lahn → rechts immer am rechten Lahnufer entlang durch **Marburg** bis zur

⑯ **Mensa Erlenring (Lahntreppen)/ZIEL.**

Rechts über die **Fußgängerbrücke** neben den Lahntreppen ans linke Lahnufer für einen Besuch der **Altstadt** von **Marburg**.

③ nach der Mensa bei der Straßenbrücke → links vor zum *Erlenring* → die Straße queren → rechts auf dem Radweg dem *Erlenring* folgen, nach der *Kurt-Schumacher-Brücke* über die Bahnlinie weiter auf dem *Alter Kirchhainer Weg*

④ nach ca. 300 m links in die *Georg-Voigt-Straße*, nach 550 m

⑤ → rechts in die *Kleine Ortenberggasse*, im Wald → links und an einer Weggabelung → rechts vor zu einer T-Kreuzung

⑥ → links und rechts in die Straße *Spiegelslust* und auf dieser zum **Kaiser-Wilhelm-Turm**

Abstecher nach Rauischholzhausen

7 auf dem *Zimmerplatzweg* unter der B3 hindurch und vor zum Gebäude (rechts) → links, an der Feuerwehr vorbei zur Umgehungsstraße in **Cappel** → links und gleich rechts auf die Straße *Zum Rosenmorgen*, an der T-Kreuzung → rechts in die *Marburger Straße* → links in die *Moischter Straße* und auf dieser Cappel verlassen, der Straße bis über die *L3125* hinweg folgen, nun geradeaus weiter auf der Straße *Hahnerheide* nach **Moischt**

8 am Ortseingang → rechts und entlang der Felder am Südrand von Moischt entlang bis zum *Kiefernweg*

9 diesem geradeaus folgen, die Straße macht einen Linksbogen, vor zur T-Kreuzung

10 → rechts in die *Wittelsberger Straße/K38* und über die Felder Richtung Wittelsberg

11 vor der *L3048* → links, nach dem Rechtsbogen die Unterführung nehmen und dem Radweg unter der Landstraße hindurch nach **Wittelsberg** folgen

12 im Ort links in die *Holzhäuser Straße* bis zur Landstraße, vor dieser rechts und parallel zur *L3048* bis zur Einmündung in eine T-Kreuzung *(Wittelsberger Straße)*

13 → rechts und sofort nochmals rechts in die *Alte Poststraße*, vor dem Hotel → rechts in die Straße *Obere Höhle* → links zu einer T-Kreuzung am Mühlteich

14 → links, dann rechts, an der **Alten Mühle** vorbei zum **Schloss Rauischholzhausen.**

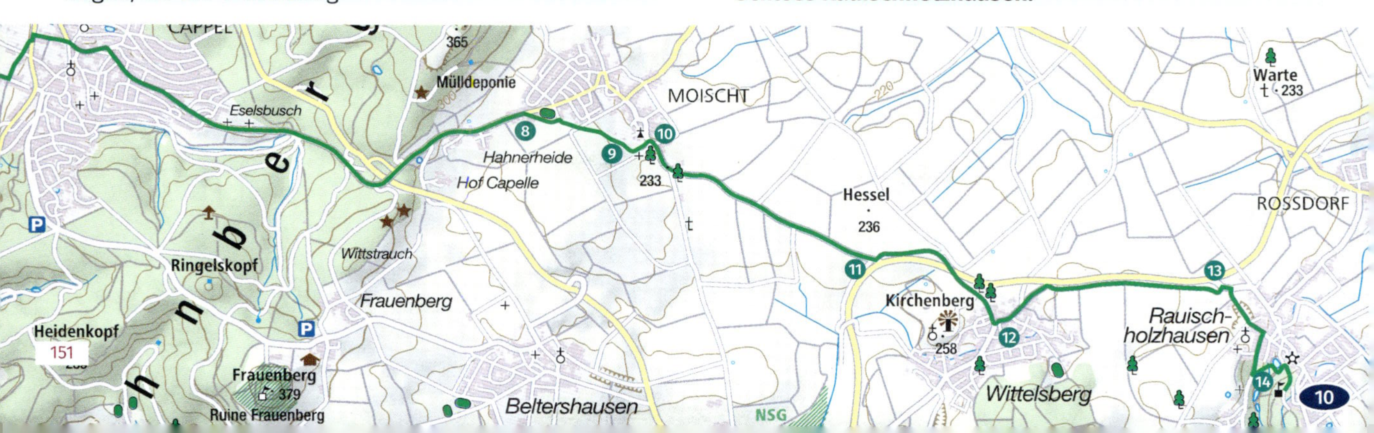

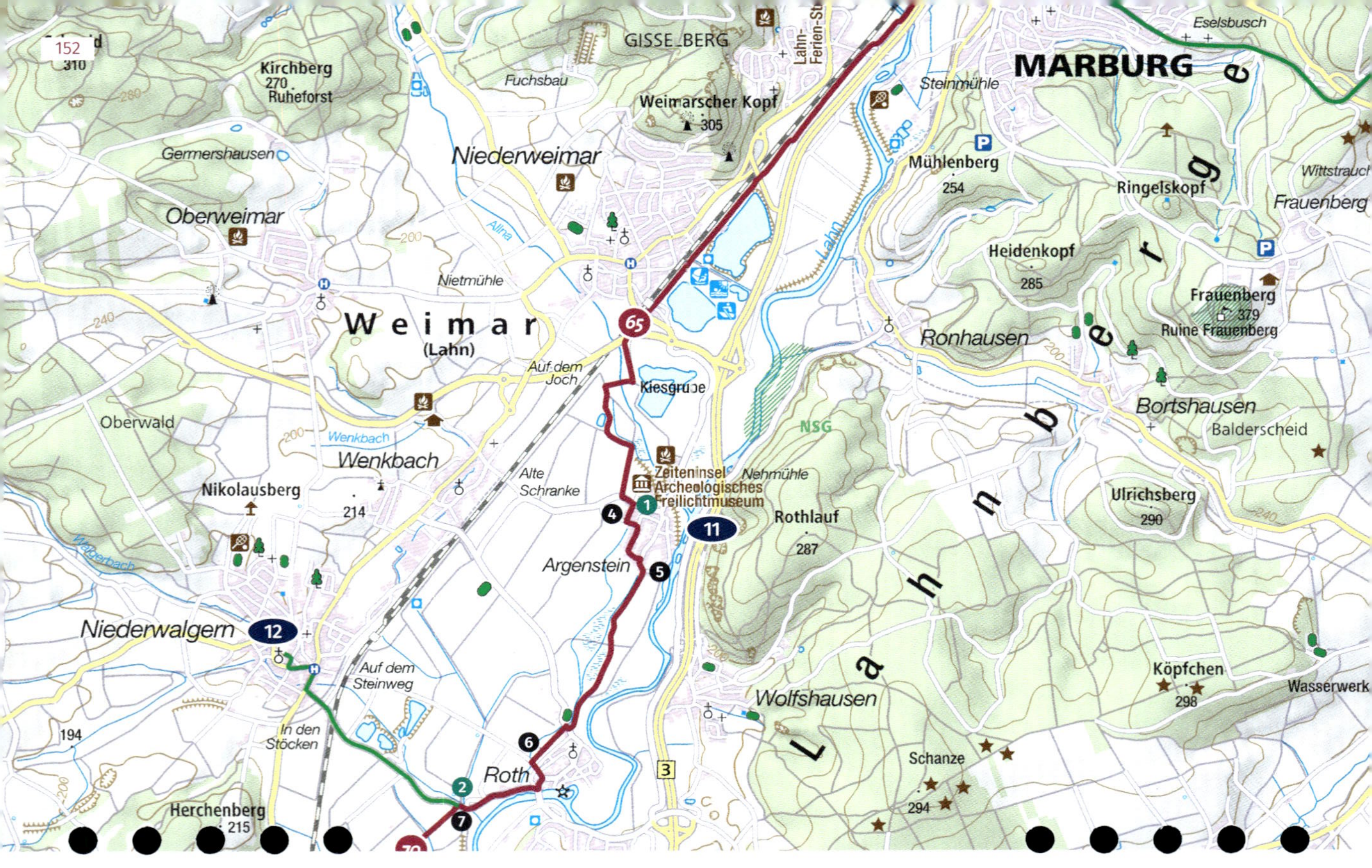
MARBURG
Eselsbusch
Steinmühle
Lahn-Ferien-St
GISSE_BERG
Kirchberg 270 Ruheforst
310
Fuchsbau
Weimarscher Kopf 305
Germershausen
Niederweimar
Mühlenberg 254
Ringelskopf
Wittstrauch
Frauenberg
Oberweimar
Allna
Lahn
Heidenkopf 285
Frauenberg 379
Ruine Frauenberg
Nietmühle
Weimar
(Lahn)
Ronhausen
Auf dem Joch
Kiesgrube
Oberwald
Wenkbach
Bortshausen
Balderscheid
NSG
Alte Schranke
Zeiteninsel Archeologisches Freilichtmuseum
Nehmühle
Nikolausberg
214
Ulrichsberg 290
Rothlauf 287
Walgerbach
Argenstein
Niederwalgern
Auf dem Steinweg
Wolfshausen
Köpfchen 298
Wasserwerk
194
In den Stöcken
Schanze 294
Roth
Herchenberg 215
Lahnberge
65
11
12
3
70

Start

❶ Von den **Lahntreppen** in **Marburg** weiter entlang der Lahn, unter der **Weidenhäuser Brücke** hindurch und immer dem Lahnufer folgen, vorbei am Fußballplatz und dem **Freizeitbad Marburg**, unter zwei Straßenbücken hindurch und in einem Linksbogen um ein Gewerbegebiet herum, dann durch eine Unterführung

❷ → nach der Unterführung links, es folgt ein Rechtsbogen danach → links und geradeaus über die Felder bis zu einer T-Kreuzung → links, rechts-links in den *Zimmerplatzweg*, die Bahnunterführung nehmen, geradeaus bis zur *B3*

❸ → vor der *B3* rechts, die Lahn queren, vor den Solarpanels rechts → links entlang der Anlage, nach dem Haus → links und an der Bahnstrecke entlang zum **Niederweimarer See** und geradeaus weiter am Parkplatz und dem **Bahnhof Niederweimar** vorbei, unter zwei Straßenbrücken hindurch (links liegt ein Kieswerk), dem Radweg in Kurven folgen bis zum Ortseingang von **Argenstein**

① Am Ortseingang links zur **Zeiteninsel - Archäologisches Freilichtmuseum Marburger Land**

❹ bei den ersten Häusern von **Argenstein** → rechts in die Straße *Steingraben*, am Ende → links in die Straße *Wasserlache*, an der T-Kreuzung → rechts weiter auf *Wasserlache* bis zur T-Kreuzung (*Talstraße*) → rechts auf der *Talstraße* bis zu den letzten Häusern des Ortes

❺ → vor dem Schuppen rechts und durch die Felder zum Ortsrand von **Roth**, dort die Lahntalstraße queren und geradeaus weiter am Ortsrand entlang

❻ nach 350 m → rechts, gleich wieder links, vor der Landstraße → rechts, in einem Bogen zur Landstraße, diese queren und gleich rechts vor zur nächsten Kreuzung

② An der Kreuzung geradeaus für 1,3 km → rechts in die *Gießener Straße* → bei der Apotheke links in die *Gladenbacher Straße* → in die zweite Straße rechts (*Bergstraße*) abbiegen→ gleich links in den *Kirchweg* zur **Wehrkirche Niederwalgern.**

❼ → an der Kreuzung links abbiegen und dem Verlauf des Radwegs über die Felder geradeaus, dann kurvig folgen, links an einem Firmengelände vorbei Richtung **Fron-**

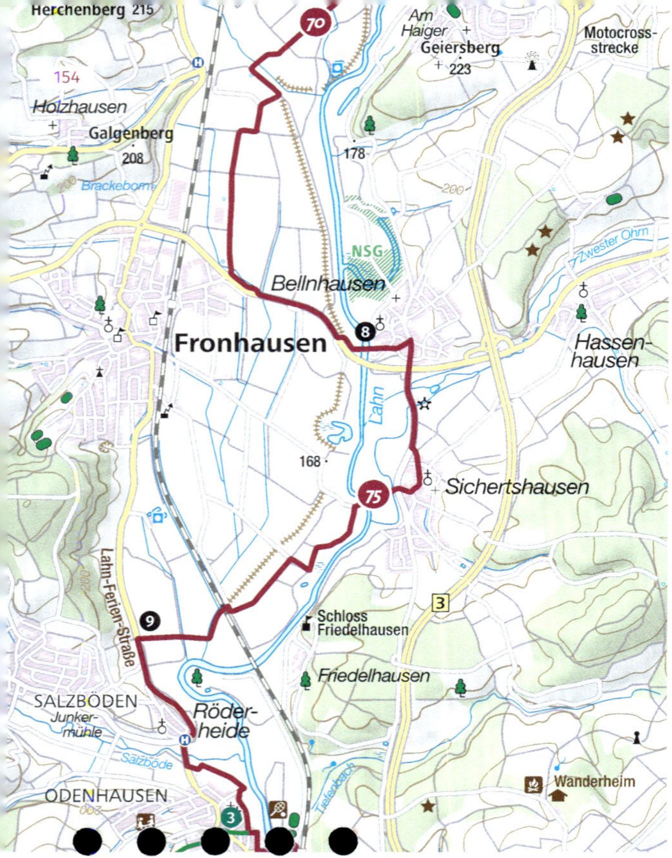

hausen, noch vor der Landstraße und dem Ortsbeginn → links und entlang der Straße Richtung Bellnhausen, der Radweg verlässt die Landstraße, führt über die **Alte Steinbogenbrücke Bellnhausen**

8 auf die *Fronhäuser Straße* und weiter zur großen Kreuzung mit der *Frankfurter Straße* → rechts in die *Frankfurter Straße* auf den linksseitig verlaufenden Radweg, die *L3048* kreuzen, der Radweg führt geradeaus nach **Sichertshausen,** vor dem ersten Haus → rechts in die *Hauptstraße* und in einem Rechtsbogen durch den Ort, am Ortsrand die *Landstraße* queren, geradeaus weiter zur **Lahnbrücke**, an der nächsten Weggabelung → links, nach dem Rechtsbogen → links, rechts, wieder links vor zur Bahnlinie → rechts, durch die Unterführung und dem Verlauf des Radwegs geradeaus, dann in einem Rechtsbogen folgen

9 → vor der Landstraße links und auf dem Radweg neben der Landstraße um **Röderheide** herum, im Süden die Landstraße queren und weiter auf der rechten Seite der Landstraße, über das Flüsschen **Salzböde**, danach → die Landstraße erneut queren und auf den Radweg nach **Odenhausen**, nach den ersten Häusern

3 Links in die *Lahnstraße*, dann *Hauptstraße* → links in die *Bornbachstraße*, über die Felder zu einer T-Kreuzung

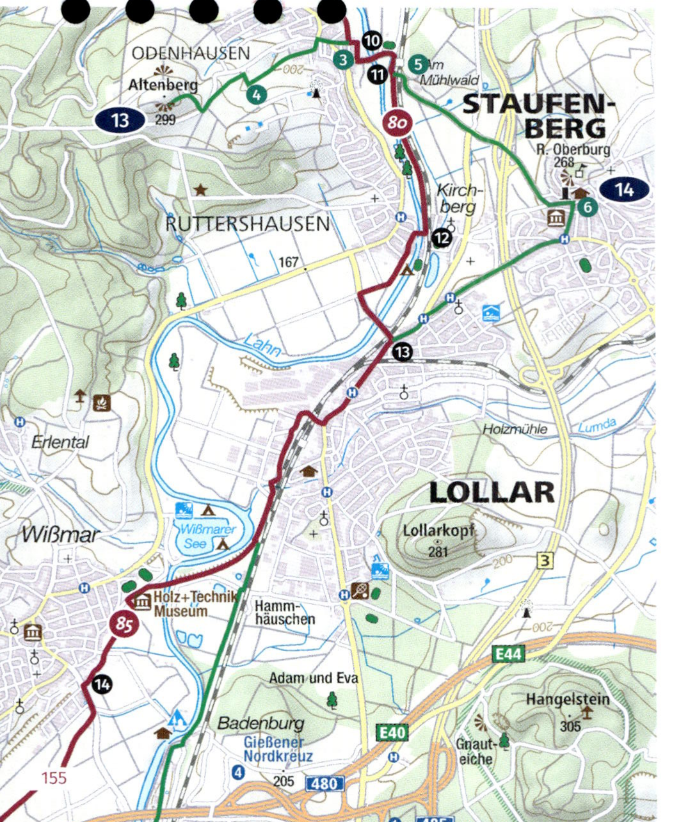

4 → rechts, dann gleich links zu einer Weggabelung → rechts und gleich → links zum **Aussichtspunkt Altenberg**

→ links zur Friedhofskapelle und der evangelischen Kirche, in einem Bogen vor zur Kreuzung

10 → links auf *Im Brühl* zur Lahn → rechts am Ufer entlang, unter der Straßenbrücke hindurch und rechts in einem Rechtsbogen hoch zur *Hauptstraße*, die Lahn queren und in einem Rechtsbogen zur **Eisenbahnbrücke**

11 vor der Brücke → rechts und entlang der Bahn auf der Straße *Am Bahndamm* in Richtung Ruttershausen fahren

12 auf Höhe von **Kirchberg** → rechts über die Lahnbrücke → links in die *Untergasse*, dem Straßenverlauf folgen, am **Campingplatz Lahnblick** vorbei aus dem Ort, an einer Weggabelung → rechts und vor zur *L3059* → links, über die Lahn und die Bahntrasse nach **Lollar** zur *Marburger Straße*

5 nach der Bahnbrücke → rechts in die *Marburger Straße* → rechts in den *Staufenberger Weg*, weiter auf der *L3059* aus dem Ort, über die *B3* und auf der *Lollarer Straße* geradeaus nach **Staufenberg** hinein → links in die Straße *Vorstadt* → rechts in die *Obergasse* → links in die *Burggasse* zur **Burg Staufenberg**

6 nach Süden zur L3059 → rechts bis zum Lahntalradweg

13 In **Lollar** → rechts auf die *Marburger Straße* → im Rechtsbogen → rechts in die *Bahnhofstraße*, unter der Bahnlinie hindurch, die Straße macht einen Linksbogen, danach an der Gabelung → links weiter auf der *Bahnhofstraße* parallel zu den Gleisen, den Bach Lumda queren und zunächst weiter entlang der Bahntrasse, der Radweg führt zur Lahn, nun entlang des Lahnufers zur **Lahnbrücke (alte Eisenbahnbrücke)**, danach → links und vor zum **Holz-Technik-Museum** und weiter am östlichen Ortsrand von **Wißmar**

14 an der T-Kreuzung → links in die *Bahnhofstraße*, bei der zweiten Straße → rechts abbiegen, die Straße queren und über die Felder zum **Gewerbegebiet** von **Launsbach**

7 geradeaus weiter auf der Straße *Lahnwegsberg*, der Rechtskurve folgen → links der *L3093* folgen, bei der Bus-Parkbucht → rechts zur *Gießener Straße*, diese queren, über den Gleibach, rechts an zwei Gebäuden vorbei zur *Wetzlarer Straße*, diese queren, rechts zur Tankstelle

8 danach → links in die Straße *Am Augarten*, nach dem Möbelgeschäft über eine Kreuzung, danach

9 → rechts ab und über die Felder zum Ortsanfang von **Krofdorf-Gleiberg** → rechts in die *Lindenstraße*

10 → links in die *Burgstraße* hinauf zur **Burg Gleiberg,** zurück zur T-Kreuzung *Lindenstraße/Burgstraße*

10 → geradeaus weiter auf der *Burgstraße*, dem Straßenverlauf bis zur **Grundschule** folgen → vor der Schule links in den *Kastanienweg* und in einem Rechtsborgen zur *Kinzenbacher Straße*, diese queren → links auf der *Kinzenbacher Straße* bis zur *L3047*

11 vor der Landstraße rechts den Übergang über die L3047 nehmen → nach der Brücke links → nach dem **Hammersbach** → rechts vor zu einer T-Kreuzung (Baumreihe)

12 → rechts und nach der Baumreihe links, rechts vor zur T-Kreuzung *(Gleibergstraße)*

13 → links in die *Gleibergstraße*, am Ende eines Feldes (links)

14 → rechts ab und auf der *Krofdorfer Straße*, dann *Am Wingert* zur *Burgstraße* → rechts auf der *Burgstraße* zur **Burg Vetzberg**

15 zurück auf der *Burgstraße* zum Ortsende, weiter geradeaus auf der *Vetzberger Straße* bis zur *Gießener Straße*

16 → links auf der *Gießener Straße*, dann *3286* zu einem Kreisverkehr → 2. Ausfahrt nehmen und der *L3045* nach **Heuchelheim** folgen, am Ende des Gewerbegebietes

17 → rechts in die *Brauhausstraße* und dem Verlauf bis zu einem Kreisverkehr folgen

18 → rechts in die *Marktstraße* → links in die *Kirchgasse* zur **Martinskirche** in **Heuchelheim**

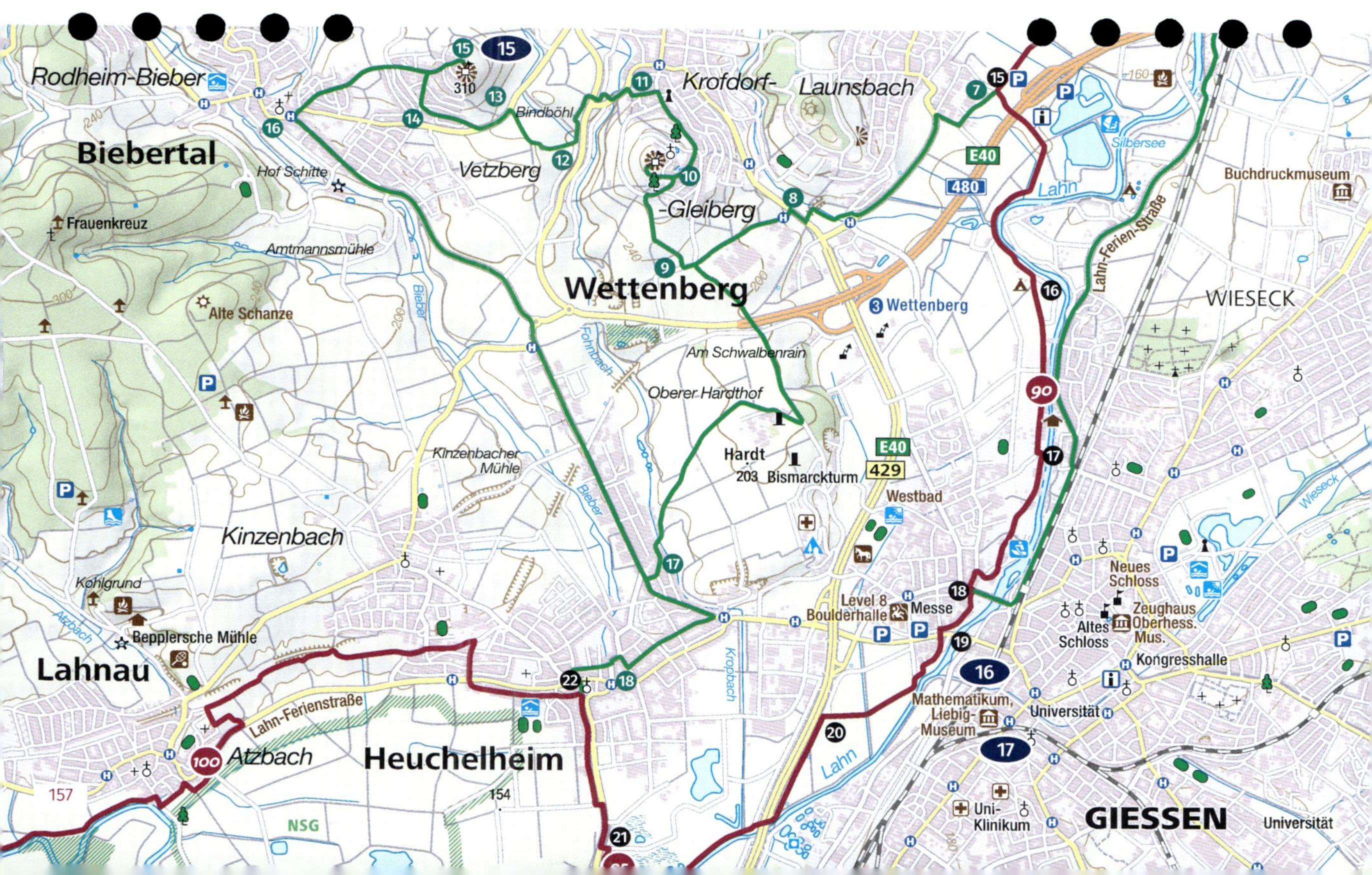

Rodheim-Bieber
Biebertal
Hof Schiffe
Frauenkreuz
Amtmannsmühle
Alte Schanze
Kinzenbach
Kinzenbacher Mühle
Kohlgrund
Bepplersche Mühle
Atzbach
Lahnau
Vetzberg
Bindböhl
310
Krofdorf-
Launsbach
-Gleiberg
Wettenberg
Am Schwalbenrain
Oberer Hardthof
Hardt
203
Bismarckturm
Fohnbach
Bieber
Kropbach
Heuchelheim
Lahn-Ferienstraße
154
NSG
E40
480
429
3 Wettenberg
Westbad
Level 8
Boulderhalle
Messe
Lahn
Silbersee
Buchdruckmuseum
Lahn-Ferien-Straße
WIESECK
Wieseck
Neues Schloss
Altes Schloss
Zeughaus
Oberhess. Mus.
Kongresshalle
Mathematikum,
Liebig-Museum
Universität
Uni-Klinikum
GIESSEN
160
240
300
200

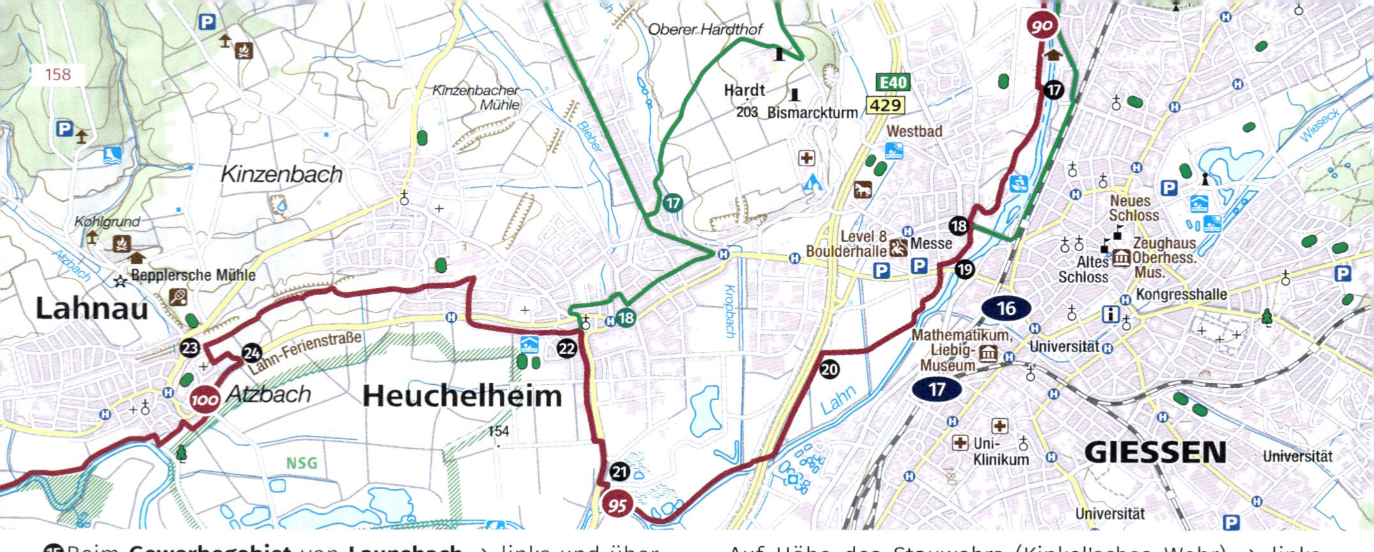

⓯ Beim **Gewerbegebiet** von **Launsbach** → links und über die Autobahn → geradeaus weiter (links liegt der Launsbacher See), der Radweg *(Uferweg)* macht einen Rechtsbogen zur Lahn → immer am Lahnufer entlang

⓰ beim Männer-Bade-Verein verlässt der Radweg kurzzeitig das Ufer, weiter an der Lahn

⓱ am Beginn einer Rechtskurve *(Leimerkauter Weg)* → links, rechts und auf dem Uferweg weiter Richtung Gießen, an einer Kreuzung → halblinks zurück zum Lahnufer Auf Höhe des Stauwehrs (Kinkel'sches Wehr) → links über das **Stauwehr** zum **Lahnfenster Hessen** und ins Zentrum von **Gießen**

⓲ auf Höhe des **Stauwehrs** vor dem Restaurant → rechts auf dem Uferweg zur T-Kreuzung→ links in die *Schützenstraße* → links auf die *Rodheimer Straße*, die Straße queren (Fußgängerampel), dann → rechts in die *Schlachthofstraße* und weiter entlang des Lahnufers zur Kreuzung

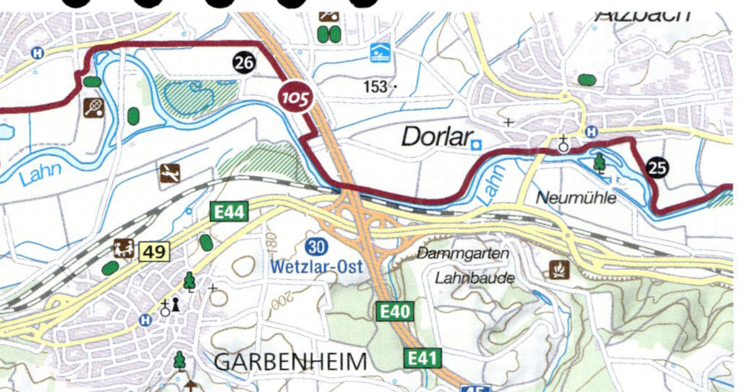

⑲ → links in die *Schlachthofstraße* und unter der Straßenbrücke hindurch und dem Straßenverlauf bis zur Einmündung der Weiseck in die Lahn folgen, am Lahnufer entlang Gießen verlassen, dem Radweg über die Felder zur *B429* folgen

⑳ an der *B429* → links auf unbefestigtem Radweg nach Süden bis zur Lahn, unter der *B429* hindurch und entlang der Lahn, nach einer Rechtskurve an der folgenden Weggabelung → links auf unbefestigtem Radweg *(Hinkelsweg)*

㉑ → rechts, parallel zur *Lahnparkstraße* Richtung Norden (Heuchelheim) → links über die Straße und den Bach und links vom Bach weiter nach Norden, am Ortseingang geradeaus der *Bachstraße*, später dann weiter geradeaus auf der *Kirchstraße* bis zur **Martinskirche** in **Heuchelheim**

Bei der **Martinskirche** mündet der Schlenker zur Burg Gleiberg und Burg Vetzberg wieder in den Hauptweg ein.

㉒ → bei der **Martinskirche** links in den *Parkweg*, an der T-Kreuzung → rechts, dann gleich links in die *Schwimmbadstraße* und vor zur *Marktstraße*, diese queren und geradeaus in die *Falkenstraße* → links in die Straße *Im Vogelsang* zur T-Kreuzung → rechts in die *Bahnhofstraße* → links in den Radweg (alte Bahntrasse)

㉓ vor den ersten Häusern → links in die Straße *Vogelsang* → den Radwegschildern gleich links, rechts und nochmals rechts zur *L3020 (Gießener Straße)* folgen

㉔ → rechts und auf dem Radweg nach **Atzbach**, bei den ersten Häusern noch vor diesen nach links abbiegen → um die Wohnsiedlung fahren in die Straße *Hofstatt* → links in die Straße *Gänseweide* zur Lahn → rechts in die *Lahnstraße* → links auf dem Radweg entlang der Lahn in den Lahnauer Ortsteil **Dorlar** zu einer T-Kreuzung

㉕ → links in den *Wiesenweg*, immer geradeaus auf den *Mühlweg*, nun immer dem Lahnufer folgen, unter der **Autobahnbrücke** hindurch, weiter an der Lahn → rechts

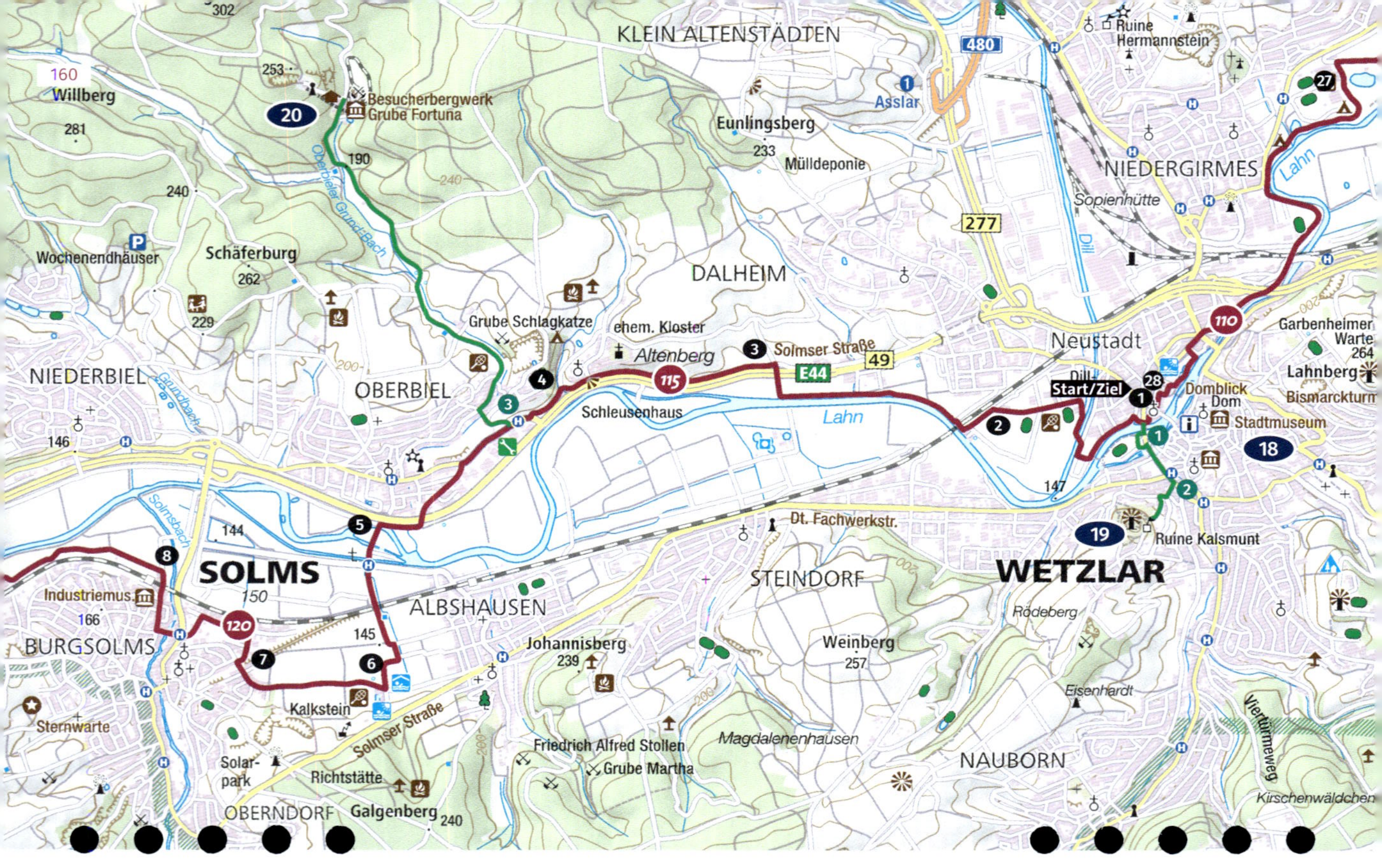
KLEIN ALTENSTÄDTEN
Willberg
Besucherbergwerk
Grube Fortuna
Oberbieler Grund-Bach
Eunlingsberg
Mülldeponie
Asslar
Ruine
Hermannstein
NIEDERGIRMES
Sopienhütte
Dill
Lahn
Wochenendhäuser
Schäferburg
DALHEIM
Grube Schlagkatze
ehem. Kloster
Altenberg
Solmser Straße
Neustadt
Garbenheimer
Warte
Lahnberg
Bismarckturm
NIEDERBIEL
Grundbach
OBERBIEL
Schleusenhaus
Start/Ziel
Domblick
Dom
Stadtmuseum
Solmsbach
Dt. Fachwerkstr.
Ruine Kalsmunt
SOLMS
Industriemus.
BURGSOLMS
ALBSHAUSEN
STEINDORF
WETZLAR
Rödeberg
Johannisberg
Weinberg
Eisenhardt
Viertürmeweg
Kalkstein
Solmser Straße
Sterwarte
Solar-
park
Richtstätte
Friedrich Alfred Stollen
Grube Martha
Magdalenenhausen
NAUBORN
Kirschenwäldchen
OBERNDORF
Galgenberg

zur Autobahn und → links auf dem Radweg an der Autobahn entlang, bei der folgenden Unterführung

26 → links zum **Festplatz Naunheim** und parallel zur Landstraße weiter auf der Straße *Mühle*, diese macht einen Linksbogen und führt zum **Landhotel** Naunheimer Mühle und Tennisplätzen → nach den Tennisplätzen links und gleich rechts bis zur Berufsschule

27 vor der **Berufsschule** → links haltend vor zur Lahn und dem Lahnufer nach rechts ins Stadtgebiet von **Wetzlar** folgen, zum Schluss vor dem **Bootshaus Wetzlar** auf der *Inselstraße* vor zur *Bahnhofstraße* und dem *Bruderusplatz* → links über die Kreuzung in den *Karl-Kellner-Ring*, nach 100 m führt hinter dem Einkaufszentrum → links ein Gässchen zur Lahn → rechts entlang des Flusses vor zur **Pontonbrücke** → rechts links in die *Hintergasse* und ihrem Verlauf zur *Langgasse* folgen, links geht es zur

28 **Alten Lahnbrücke/ZIEL**

Links erreicht man über die **Alte Lahnbrücke** die historische Altstadt von **Wetzlar**.

Start

1 → In **Wetzlar** auf Höhe der **Alten Lahnbrücke** *(Langgasse)* zum Parkplatz links vom *Karl-Kellner-Ring* fahren und durch die Unterführung (Straßenbrücke) fahren

1 → rechts hoch zum *Karl-Kellner-Ring*, auf der Brücke die Lahn queren und der Straße folgen

2 → rechts in die *Schützenstraße* → rechts in den Laufdorfer Weg zur **Burg Kalsmunt**

danach links am Lahnufer entlang bis zum **Busparkplatz Stadion** → vor dem Auto-Parkplatz rechts, nochmals rechts und → links über die Brücke über die Dill → rechts bis zum Wohnmobil-Stellplatz → links in die Straße *Im Bodenfeld*, an den Häusern entlang zur Bahntrasse

2 → links bis zur Lahn, rechts unter der Bahnbrücke hindurch und weiter am Lahnufer entlang → auf Höhe der Kläranlage (am anderen Ufer) → rechts und durch die Unterführung *(B49)*

Nach der Unterführung geht es geradeaus, dann links zum Eingang von **Kloster Altenberg.**

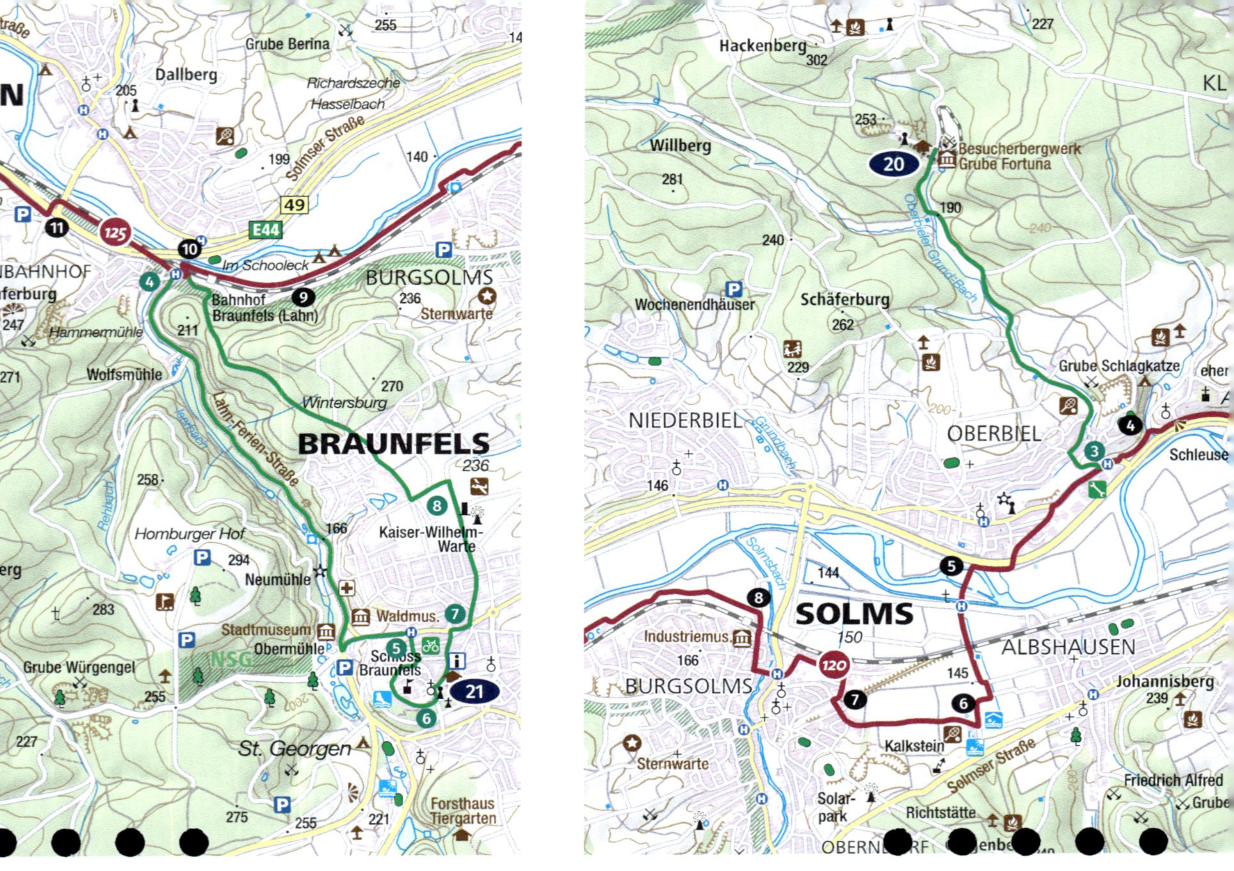
LEUN
Solmser Straße
Lahn
Grube Berina
Dallberg
Richardszeche
Hasselbach
Solmser Straße
Ruppertsborn
LAHNBAHNHOF
Schäferburg
Hammermühle
Wolfsmühle
Im Schooleck
Bahnhof Braunfels (Lahn)
BURGSOLMS
Sternwarte
Wintersburg
Lahn-Ferien-Straße
BRAUNFELS
TIEFENBACH
Kaiser-Wilhelm-Warte
Homburger Hof
Neumühle
Rauerberg
Waldmus.
Stadtmuseum
Obermühle
Schloss Braunfels
NSG
Grube Anna
Grube Würgengel
Lindelbach
Rehbach
Iserbach
St. Georgen
Forsthaus Tiergarten
Hackenberg
Willberg
Besucherbergwerk Grube Fortuna
Oberbieler Grund-Bach
Wochenendhäuser
Schäferburg
Grube Schlagkatze
NIEDERBIEL
Grundbach
OBERBIEL
Schleuse
Solmsbach
SOLMS
Industriemus.
BURGSOLMS
ALBSHAUSEN
Johannisberg
Kalkstein
Sternwarte
Solmser Straße
Solar-park
Richtstätte
Friedrich Alfred
Grube

❸ → links und entlang der Bundesstraße bis unterhalb des Klosters Altenberg, dort schwenkt der Radweg nach rechts und mündet in die *Altenberger Straße* ein

❸ nach dem ersten Gebäude des Gewerbegebietes von der *Altenberger Straße (L3020)* → rechts beim Parkplatz abbiegen (Wegweiser Montanroute) und auf der *Pestalozzistraße* vor zur Kreuzung → rechts in die *Grundstraße* und der Straße zum **Besucherbergwerk Grube Fortuna** folgen

❹ geradeaus nördlich am **Gewerbegebiet von Oberbiel** vorbei → links in die *Albshäuser Straße* und über die *B49* → nach rechts parallel zur Bundesstraße (*An der Schleuse*)
❺ → links über drei Lahnarme auf der Straße *An der Schleuse*, nach der **Schleuse Oberbiel** die *Bahnhofstraße* kreuzen und geradeaus weiter, die Gleise queren und über die Felder den Wegweisern zum **Freibad Solms** folgen
❻ → rechts vor dem Schwimmbad in die Straße *Am Schwimmbad* zum Ortseingang von **Solms** → weiter geradeaus auf der *Buderusstraße*
❼ bei der Schlosserei → rechts ins **Gewerbegebiet** (*Solmser Gewerbepark*), der Straßenführung in einem Linksbogen folgen und vor zur *Georgshüttenstraße*, diese queren und geradeaus weiter auf der *Brückenstraße* → rechts in die *Bahnhofsallee*, am **Bahnhof Solms (Lahn)** vorbei, die Schienen queren, danach die erste Straße → links
❽ → rechts der Bahnlinie zum **Klärwerk**, dieses umrunden und anschließend die Gleise queren → rechts und weiter parallel zur Bahntrasse zur nächsten Unterführung
❾ → links, am Zeltplatz vorbei zum **Bahnhof Leun/Braunfels**, an der Fußgängerbrücke über die Lahn (rechts) vorbei und dann → links die Bahnunterführung nehmen

❹ Vom **Bahnhof Leun/Braunfels** links auf die *Braunfelser Straße/Mühlengrund (L 3052)* nach **Braunfels** → links in die *Gebrüder-Wahl-Straße* → rechts in den *Käutchensweg*
❺ → rechts in die *Grabenstraße*, weiter geradeaus auf der *Weilburger Straße* und auf dieser und später der *Kastanienallee* um den Schlossberg herum
❻ → links in die Straße *St. Georger Berg* zum *Marktplatz* → davor links in die *Schlossstraße* zum **Schloss Braunfels.**
Rückweg: Zurück zum *Marktplatz*, diesen diagonal queren und → rechts in die *Borngasse* bis zur *Kaiser-Friedrich-Straße*
❼ → rechts und an der nächsten Kreuzung → links in den *Burgsolmser Weg*, zum **Segelflugplatz**
❽ nach dem Segelflugplatz geradeaus weiter, beim ersten Feldweg links und die zweite Möglichkeit (beim Parkplatz) → rechts in die *Alte Leuner Straße* und dieser bergab zum **Bahnhof Leun/Braunfels** folgen.

Köppeiche
333
164
322
Grebehof
331
Rodenberg
309
Zinnberg
Hardsborn
Pitzmühle
Solmser Straße
223
STOCKHAUSEN
227
138
Lahn
E44
49
266
Köppel
216
Umbach
Faulbach
203
Schampemühle
Loch-
mühle
215
Faulbach
Elbertal
Nieders-
hausen
BISKIRCHEN
Gertrudis-Brunnen
Tannenhof
Wernerhof
163
130
191
12
13
14
Almerskopf
336
268
Bühl
Altehof
Hof Altefeld
Lahn-
Ferien-
Straße
Lahn
136
230
161
Niedershäuser
Mühle
158
195
Petersmoorer
Hof
Steinkehof
Vöhler Bach
225
Talhof
Kallenbach
E44
Hardt
263
Pfannerhof
15
Löhnberger
Hütte
Selters
Erlenhof
Crombacher Hof
289
Steinköppel
256
134
135
309
Grube Anna
Roter Kopf
391
Hinterster
Kopf
383
Diana-
Quelle
Vorderster
Kopf
Löhnberg
Steinzlerhof
Hasselköppel
R. Laneburg
Bornberg
274
16
Buchwald
Schleuse
Rohbacher Hof
281
398
49
286
Saalweidenkopf
Worstbach
In der Worstbach
302
WALDHAUSEN
216
228
DROMMERSHAUSEN
Schwabenhof
Grundbach
AHAUSEN
136
277
Mühlberg
Neumühle

⑩ → beim **Bahnhof Leun/Braunfels** an der *Burgsolmser Straße* rechts und geradeaus auf der *Braunfelser Straße* unter der Straßenbrücke *(B49)* hindurch und weiter auf dem Radweg entlang der *Braunfelser Straße*, den Schildern auf die andere Seite der *B49* folgen und nun links der *B49* weiter auf dem Radweg

⑪ dieser biegt nach links ab und führt zur Brücke über die *B49*, danach → links weiter bis zur Lahn – hier den Wegweisern in einer etwas komplizierten Wegführung folgen und schließlich die Lahn queren → danach links und in einem Rechtsbogen zu einem Bahnübergang (*Tiefenbacher Weg*) in **Stockhausen**

⑫ nach dem Bahnübergang → links in die *Bahnhofstraße*, am **Bahnhof Stockhausen** vorbei nach **Biskirchen** → durch den Ort der *Bahnhofstraße*, dann *Weilburger Straße* folgen, über eine Kreuzung geradeaus der Straße bis zum Parkplatz eines Lebensmittel-Discounters folgen, bei der Einfahrt zum Parkplatz

⑬ → links in die Straße *Am Karlssprudel*, unter der Straßenbrücke durch und zum Biskirchener Heil- und Mineralbrunnen (rechts) und gleich darauf Neuselters Mineralquelle (links) → weiter auf der Straße, die nun *Weilburger Straße* heißt und sich von der Bahntrasse nach rechts entfernt.

⑭ Nach der Brücke über die *B49* und links der Bundesstraße auf dem Radweg bis zur Einmündung in die *L3044*

⑮ → links abbiegen und der *L3044* folgen, die *B49* queren → am Beginn des **Gewerbegebietes** → links in die *Industriestraße* und vor zu einem Parkplatz, an der T-Kreuzung → links in den *Seltersweg*, die Bahngleise queren → rechts weiter auf dem *Seltersweg* bis vor zum nächsten Bahnübergang beim **Bahnhof Löhnberg**

⑯ hier → vor dem Bahnübergang links im spitzen Winkel zurück zur Brücke über die Lahn, rechts über die Lahn und am anderen Ufer → rechts, an der **Schleuse** vorbei und immer flussnah nach **Ahausen** und am westlichen Ortsrand entlang, am Ortsende → links und dann rechts in die *Seltersstraße*

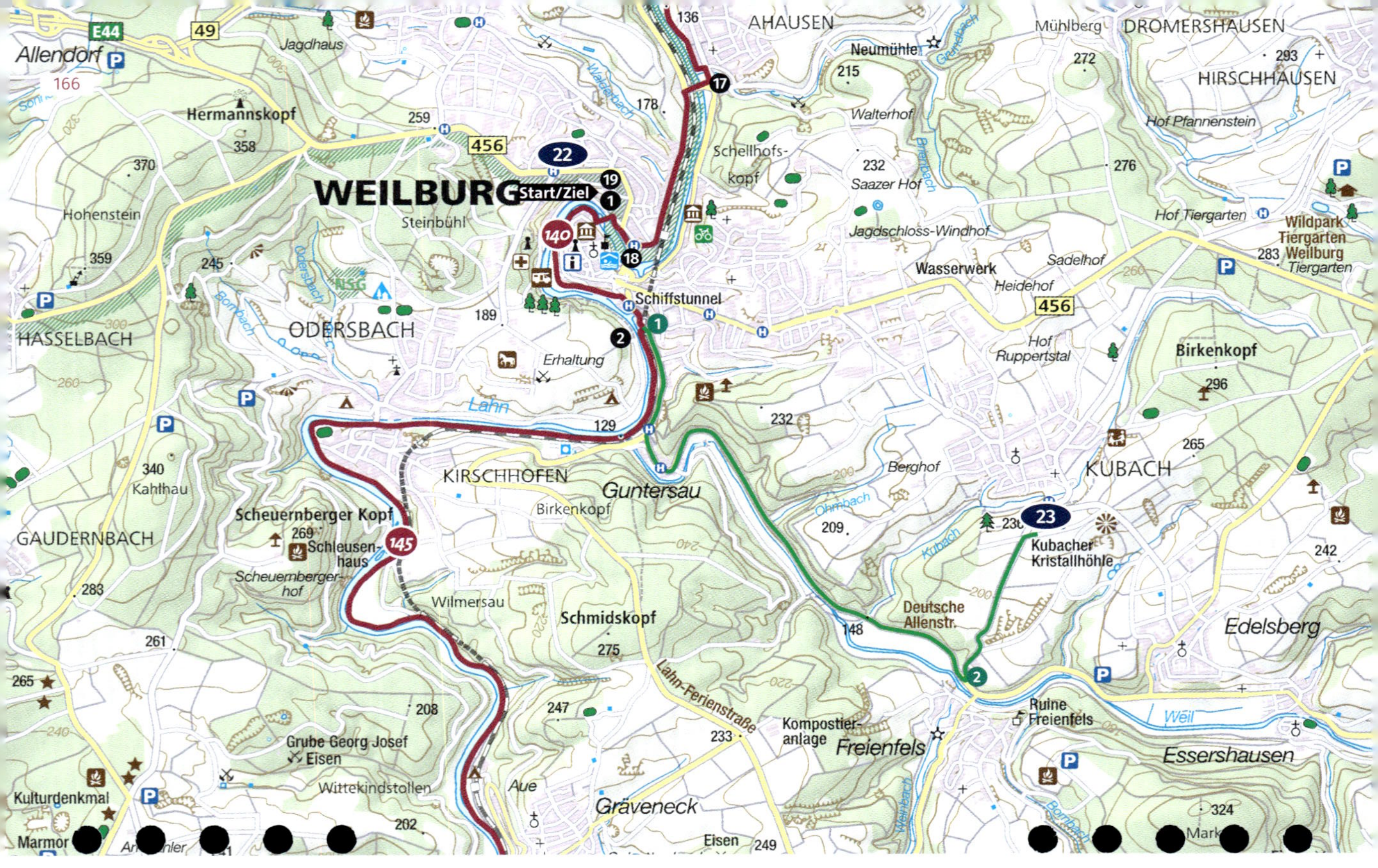

WEILBURG
Start/Ziel
Allendorf
Hermannskopf
Jagdhaus
Hohenstein
HASSELBACH
ODERSBACH
Steinbühl
Erhaltung
Schiffstunnel
Lahn
KIRSCHHOFEN
Guntersau
Birkenkopf
Scheuernberger Kopf
Schleusenhaus
Scheuernberger-hof
GAUDERNBACH
Kahlhau
Wilmersau
Schmidskopf
Grube Georg Josef
Eisen
Wittekindstollen
Aue
Gräveneck
Kulturdenkmal
Marmor
Lahn-Ferienstraße
Kompostier-anlage
Freienfels
Ruine Freienfels
Deutsche Allenstr.
Kubacher Kristallhöhle
KUBACH
Berghof
Ohmbach
Kubach
Edelsberg
Weil
Essershausen
Birkenkopf
Hof Ruppertstal
Heidehof
Wasserwerk
Sadelhof
Jagdschloss-Windhof
Saazer Hof
Schellhofs-kopf
Walterhof
Neumühle
AHAUSEN
Mühlberg
DROMERSHAUSEN
HIRSCHHAUSEN
Hof Pfannenstein
Hof Tiergarten
Wildpark Tiergarten Weilburg
Tiergarten
Walderbach
Odersbach
Bombach
Weinbach
NSG
E44
49
456
22
23
140
145

⑰ → rechts auf der *Ahäuser Straße* erneut die Lahn queren → links in den *Löhnberger Weg (L3020)* zum **Bahnhof Weilburg**, weiter auf der *Bahnhofstraße* vor zum Zebrastreifen, die *B456* queren

⑱ → links in die Straße *Am Bootshaus*, unter der Straßenbrücke hindurch und → rechts auf die Straße *Am Bootshaus* vor zur

⑲ **Steinernen Brücke/ZIEL**

→ links über die Lahnbrücke in die **Altstadt von Weilburg.**

Start

❶ → **Start** am stadtseitigen Lahnufer an der **Steinernen Brücke** in **Weilheim** → rechts in die *Hainallee* (im weiteren Verlauf *Im Bangert*), der Straße in einem Linksbogen um den Altstadtfelsen folgen → an ihrem Ende rechts in die *Weilstraße (L3025)*

① dem Verlauf der *Weilstraße* bis zum Ortseingang von **Freienfels** folgen → auf Höhe des Steinmetzes links in den *Kubacher Weg*

② → rechts in die Straße *Auf dem Kalk* zum Geoinformationszentrum **Kubacher Kristallhöhle**

❷ vor der Bahnunterführung → rechts auf den Radweg (Leinpfad) und zwischen Lahnufer und Bahngleisen für 10 km entlang der Lahn bis **Fürfurt**

3 am Ende des Radwegs → links über die Gleise, weiter auf der *Bahnhofsringstraße* → rechts in den *Aumenauer Weg* und in einem Rechtsbogen vor zu den Gleisen → auf dem *Aumenauer Weg* nun links neben den Gleisen dem Straßenverlauf bis **Aumenau** folgen → rechts auf die *Brückenstraße*, die Gleise queren und noch vor dem Fluss → rechts runter zum Radweg

4 → links (flussabwärts) dem Radweg zwischen Fluss und Gleisen Richtung Limburg (R7) folgen, immer entlang des linken Lahnufers bis **Villmar,** dort unter der Marmor-Straßenbrücke hindurch, der Radweg endet an einer T-Kreuzung → links in die Straße *Am Lahnufer* und in einem Linksbogen auf die **Marmorbrücke Villmar**

3 Zum **Lahn-Marmor-Museum Villmar** die Bahngleise queren und → rechts vor zum Museum im alten Bahnhof.

5 nach der **Marmorbrücke** → links entlang des rechten Lahnufers nach Runkel.

6 Am Ortseingang von **Schadeck** (Ortsteil von Runkel) → rechts in die Straße *Leinpfad* → links über die **Lahnbrücke** in die Altstadt von **Runkel** → rechts in die *Burgstraße*, dieser in einem LInksbogen bis zu einer T-Kreuzung folgen → rechts auf den Radweg neben der

Steedener Straße, den Radwegschildern folgen, noch auf der Brücke → rechts auf die *L3063*, die Straße queren

7 → gleich links in die Straße *Am Wäldchen*, die unter der Straßenbrücke hindurch zum Lahnufer leitet. Beim ersten Gebäude eines Firmengeländes → rechts auf den Radweg und am Gelände vorbei vor zu den Gleisen → links bis zur Bahnbrücke, diese unterqueren → danach geradeaus an der Lahn entlang, an **Steeden** und **Dehrn** vorbei nach **Dietkirchen**, der Radweg mündet in die *Burgfriedenstraße* ein

8 noch vor der Kirche St. Lubentius verlässt der Radweg die *Burgfriedenstraße* nach links, der Radweg mündet nach Passieren des Kirchenfelsens in die *Lahnstraße* ein

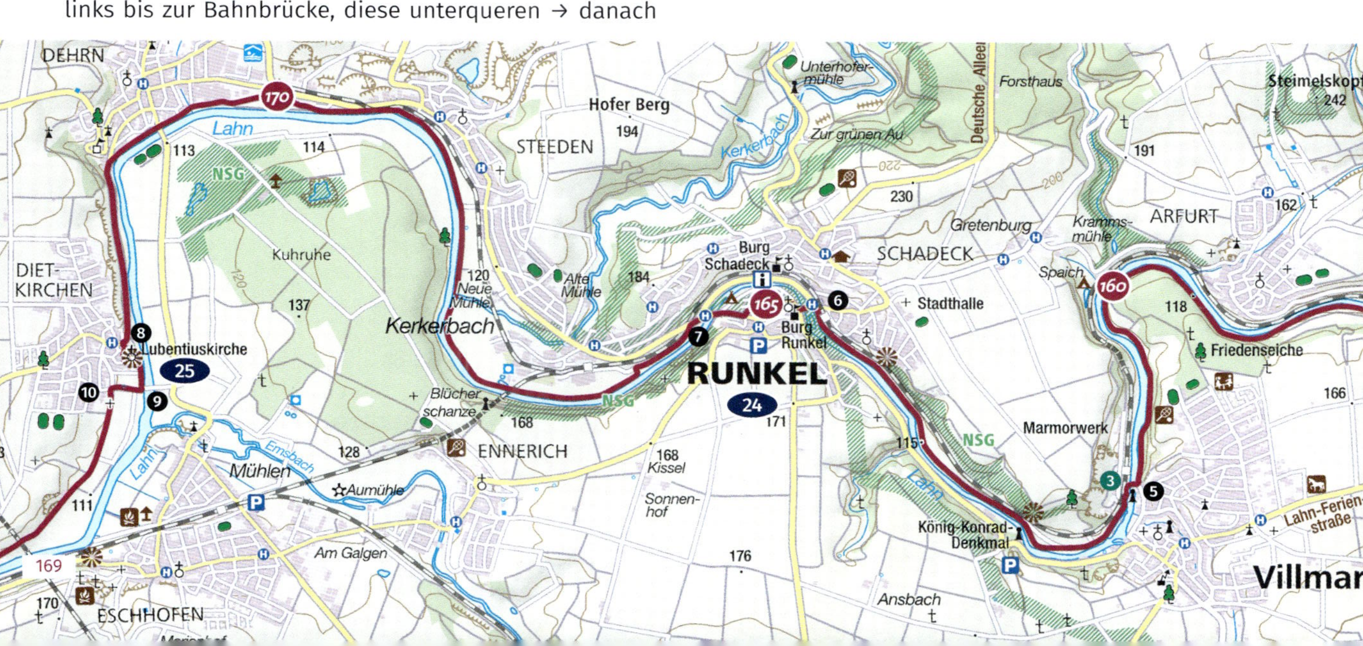

9 auf Höhe der Fußgängerbrücke *Kurt-van-der-Burg-Brücke* → rechts in die *Poststraße*, vor dem **Friedhof** →
10 links in die Straße *In den Bergen* und über die Felder Richtung Limburg
11 unter der Autobahnbrücke und wenig später der Straßenbrücke hindurch und geradeaus weiter auf dem Schleusenweg bis zur **Alten Lahnbrücke** in Limburg, über die Brücke in die **Altstadt von Limburg**

4 vor der **Straßenbrücke** und vor der letzten Häuserzeile → rechts vor zur *Westerwaldstraße*, unter der Straßenbrücke hindurch → noch unter der Brücke → rechts in den *Offenheimer Weg*, auf diesem die Stadt verlassen, die Autobahn *A3* auf einer Brücke überqueren, in Limburger Stadtteil **Offheim** weiter geradeaus auf der *Limburger Straße*, dann *Untergasse*, dann *Weidestraße*
5 am Ortsende → links in die *Niederhadamarer Straße*, nach der St.-Wendelin-Kapelle → rechts, dann → links in die *Mühlenstraße* → nach dem Bahnübergang geradeaus weiter auf der *Dorfbachstraße* von **Niederhadamar** bis zu einer Kreuzung
6 → rechts in die *Mainzer Landstraße* und ihrem Verlauf folgen, sie geht in einem leichten Rechtsbogen in die *Neue Chaussee* über
7 dieser bis zum **Schloss Hadamar** folgen

Schloss Hadamar

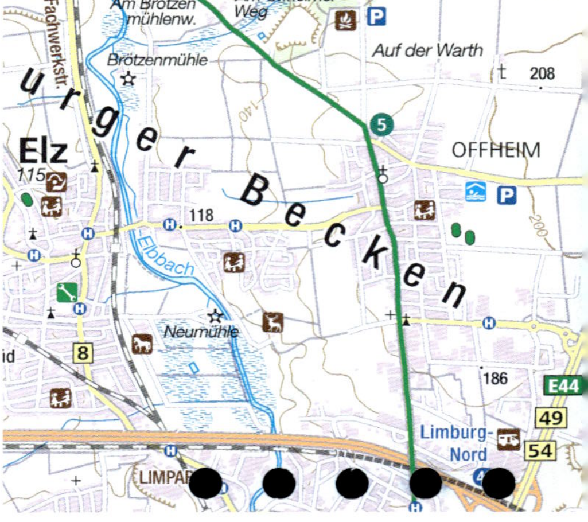

LIMBURG
an der Lahn
DIEZ
Hambach
Gückingen
Aull
Heistenbach
Altendiez
Birlenbach
Holzheim
Flacht
Staffel
Brücken-
vorstadt
Limburg-
Nord
Raststätte
Limburg
Autohof
In den
Bergen
Dom
Hotel
Nassauer Hof
Schafs-
berg
Greifenberg
Limburg (Lahn)
Limburg-
Süd
Oranienstein
Schloss
Oranienstein
Teufelskanzel
Diersteiner
Aue
Diez Ost
Kletterwald
Grafenschloss
Bikepark
BLUMENROD
Sport- &
Freizeitpark
Hotel Wilhelm v. Nassau
FREIENDIEZ
Schläfer
Papiermühle
Burghof
Aardeck
Aardecker Mühle
Hof
Waldeck
Hohenfeld
Talwiesen
Geisberg
Fachingen
Mineralbrunnen
Staatl. Fachingen
Erbstollen
Kohlberg
Sangertberg
Am Stollen
Hausen
Hergen-
hahn
Franzo-
senley
Untermühle
Dau-
bachtal
Unterlohskopf
Hof Nassau
Lahn-Ferienstraße
Langenbach
Lahn
Schönblick
Waldeck
Heistenbach
Schollen-
berg
Staats-
forst
Klingelborn
Rollsbach
Rother Hof
Im Wiesengrund
Hambach
Dillbach-
hof
NSG
Lahn

12 vor der **Straßenbrücke** → rechts hoch zur Brücke → links auf einem Radweg die Lahn überqueren → danach die Brücke nach links verlassen und → links zurück zum Lahnufer fahren → links unter der Straßenbrücke hindurch und am linken Lahnufer entlang Limburg verlassen, unter der Bahnbrücke hindurch → links und vor der **Kläranlage** → rechts und in einem Bogen unter der nächsten Straßenbrücke hindurch, dem Radweg durch die Felder nach Diez folgen – mal näher, mal etwas entfernter vom Fluss

13 am links liegenden **Schloss Oranienstein** vorbei, an der folgenden Weggabelung → rechts in die Straße *Zum Mühlchen*, nach einem Linksbogen → rechts weiter auf der Straße *Zum Mühlchen*, an der T-Kreuzung nach den letzten Häusern → links in den *Strandbadweg* → rechts in die *Oraniensteiner Straße* zur Stiftskirche, geradeaus weiter auf der *Pfaffengasse*

8 von der *Pfaffengasse* geradeaus auf der Straße *Alter Markt* bis zum Säckerbrunnen → links der *Altstadtstraße* bis zur *Wilhelmstraße folgen* → geradeaus weiter auf der *Wilhelmstraße* bis zum Kreisverkehr, geradeaus weiter, nach der Bahnunterführung zum nächsten Kreisverkehr

9 diesen nach Süden auf der *Bismarckstraße* verlassen, an der T-Kreuzung links in den *Schläferweg* und durch die Wohnsiedlung bis zum Ortsrand und weiter auf unbefestigtem Weg vor zur *L318*

10 vor dieser einen Linksbogen fahren (*Brückenstraße*) und bei erster Gelegenheit → rechts abbiegen (Radwegschild)

11 → rechts über die Landstraße und gleich links, an einem Parkplatz vorbei und weiter parallel zur Landstraße, dann Bundesstraße, bis zu einem **Wanderparkplatz** mit Unterführung (B54)

12 nach der Unterführung geradeaus weiter, auf einer Brücke die Aar und dann die Gleise unterqueren → rechts und entlang der Gleise bis zur *Schlossstraße*, unterhalb der Ruine links und zu Fuß hoch zur **Burgruine Aardeck**

14 → rechts über die **Alte Lahnbrücke Diez** (Rad- und Fußgängerbrücke) → rechts ab und in einem Bogen unter der Alten Lahnbrücke und der folgenden Straßenbrücke hindurch und rechts vom Parkplatz auf dem *Auweg* in eine Schrebergartensiedlung, geradeaus weiter bis zu einer Weggabelung → rechts → links und weiter durch die Gärten zum Lahnufer → rechts und am Lahnufer zum **Baggersee Dietz**

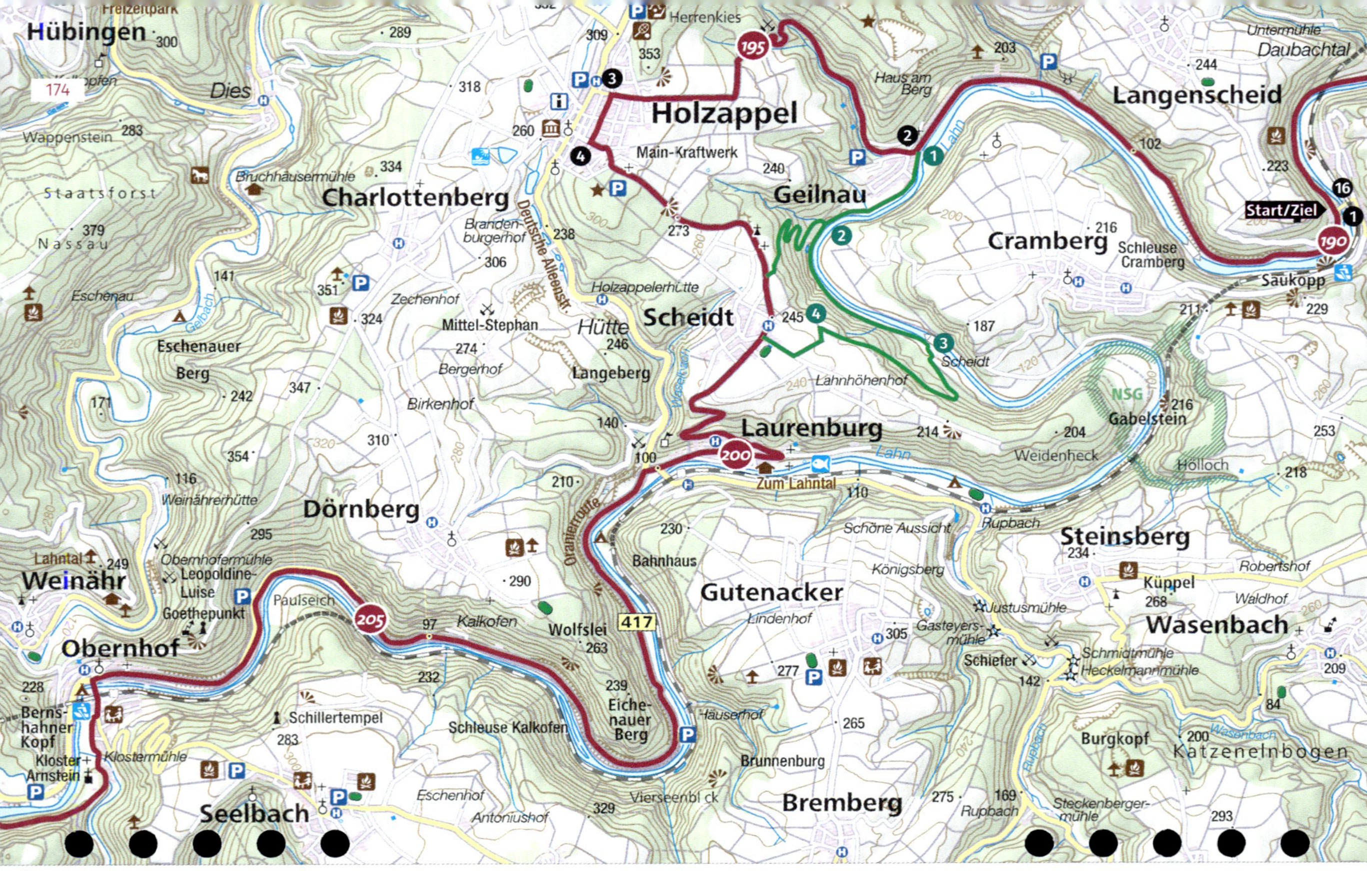
Hübingen
Dies
Wappenstein
Staatsforst
Nassau
Bruchhäusermühle
Charlottenberg
Holzappel
Main-Kraftwerk
Herrenkies
Geilnau
Haus am Berg
Langenscheid
Untermühle
Daubachtal
Start/Ziel
Cramberg
Schleuse Cramberg
Saukopp
Branden-burgerhof
Deutsche Alleenstr.
Holzappelerhütte
Hütte
Scheidt
Zechenhof
Mittel-Stephan
Bergerhof
Langeberg
Birkenhof
Lahnhöhenhof
Laurenburg
Lahn
Zum Lahntal
NSG
Gabelstein
Weidenheck
Hölloch
Eschenau
Eschenauer Berg
Dörnberg
Weinährerhütte
Oranienroute
Bahnhaus
Gutenacker
Schöne Aussicht
Königsberg
Rupbach
Steinsberg
Robertshof
Küppel
Waldhof
Wasenbach
Lahntal
Weinähr
Obernhofermühle
Leopoldine-Luise
Goethepunkt
Obernhof
Paulseich
Kalkofen
Wolfslei
Lindenhof
Justusmühle
Gasteyers-mühle
Schiefer
Schmidtmühle
Heckelmannmühle
Berns-hahner Kopf
Kloster Arnstein
Klostermühle
Schillertempel
Schleuse Kalkofen
Eiche-nauer Berg
Häuserhof
Brunnenburg
Burgkopf
Katzenelnbogen
Wasenbach
Seelbach
Eschenhof
Antoniushof
Vierseenblick
Bremberg
Steckenberger-mühle
195
200
205
190
417

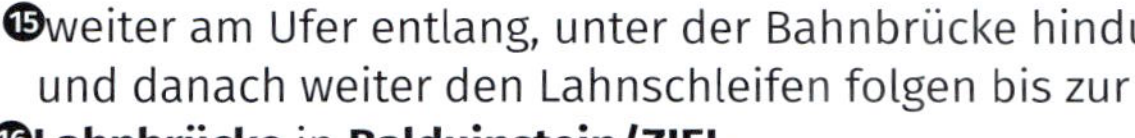

⑮ weiter am Ufer entlang, unter der Bahnbrücke hindurch und danach weiter den Lahnschleifen folgen bis zur
⑯ **Lahnbrücke** in **Balduinstein/ZIEL.**

Über die Lahnbrücke erreicht man die Altstadt von **Balduinstein**.

Kapitel 6: **Von Balduinstein nach Lahnstein**

Start

❶ Von der **Lahnbrücke** in **Balduinstein** weiter am rechten Lahnufer, nach dem Hotel Lahnblick → links auf die Lahntalstraße und dieser für 3 km nach Geilnau bis zu einem Spielplatz folgen, nach dem Spielplatz links auf dem Radweg nach **Gailnau**

Offizielle, nicht ungefährliche Hauptroute über Holzappel nach Scheidt.

❷ → rechts vor zur T-Kreuzung→ rechts in die *Austraße*, an der Kreuzung links in die *Kiesbachstraße*, entlang der *Kreisstraße* steil bergauf nach **Holzappel** in den *Hahnerweg*

❸ In der Ortsmitte → links in die *Peter-Melander-Straße*

❹ → links in die *Taunusstraße* und der steil bergab führenden Straße aus dem Ort nach **Scheidt** folgen

Alternativstrecke 1: Lahnhöhenweg

1 → weiter am Lahnufer entlang bis zum Lahnhöhenweg-Wegweiser

2 → rechts ab und teilweise schiebend (6 % Steigung) zur *Laurenburger Straße* in **Scheidt** *(30 Minuten Gehzeit)*

Alternativstrecke 2: Durch den Wald nach Scheidt

2 weiter entlang der Lahn bis zur **Schleuse**, rechts an der Schleuse vorbei → rechts vor zum Wald (den linken zum Lahnufer zeigenden Weg/Treidelpfad ignorieren – er ist nicht ungefährlich)

3 dem ansteigenden **Waldweg** folgen, dieser macht eine Haarnadelkurve, weiter bergauf nach Scheidt, den Wald verlassen

4 → an der Weggabelung nach links und an der T-Kreuzung → rechts vor zur *Laurenburger Straße* in **Scheidt** → links in die *Laurenburger Straße*

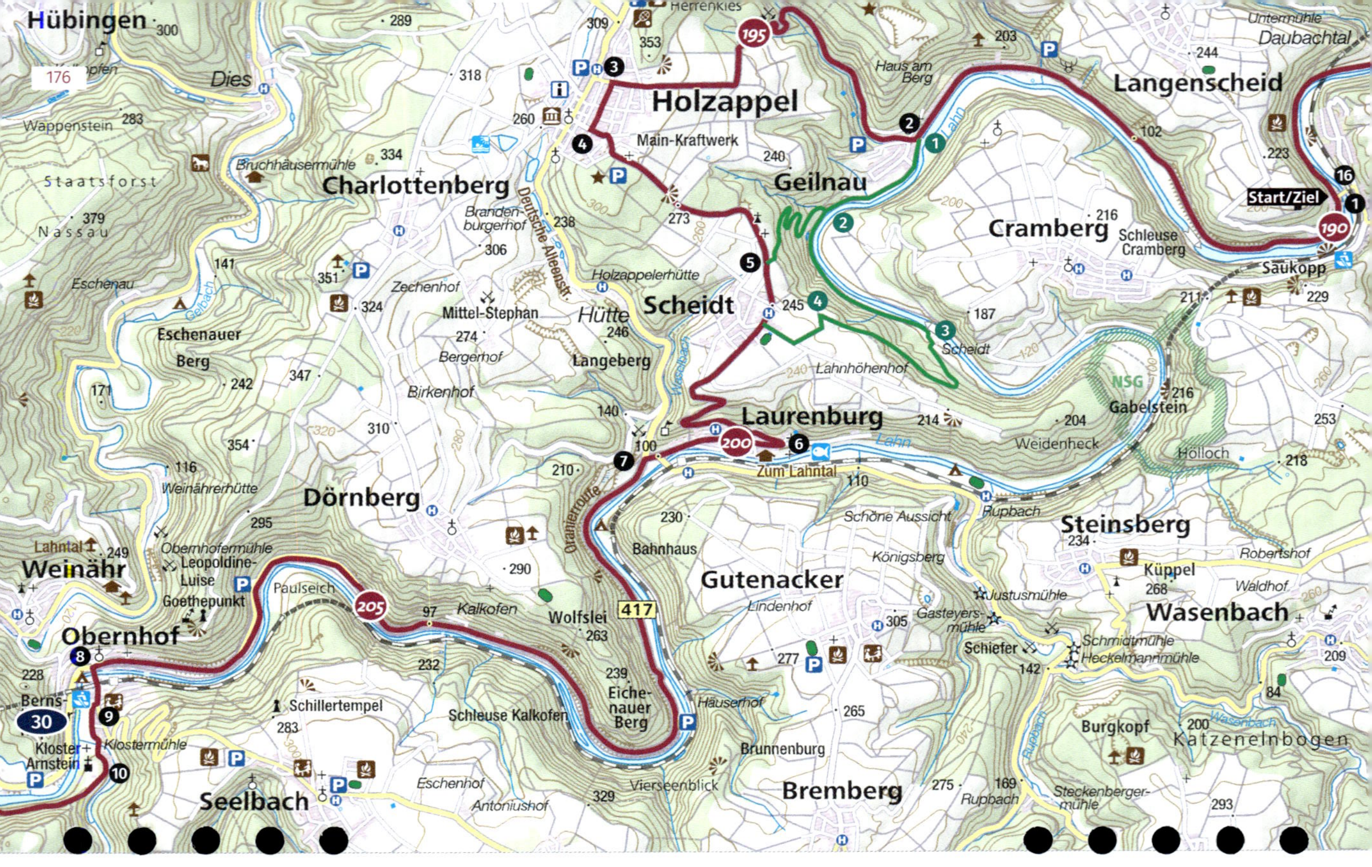

Hübingen
176
Dies
Wappenstein
Staatsforst
Nassau
Eschenau
Bruchhäusermühle
Charlottenberg
Branden-burgerhof
Deutsche Alleenstr.
Holzappel
Main-Kraftwerk
Herrenkies
Haus am Berg
Geilnau
Langenscheid
Untermühle
Daubachtal
Start/Ziel
Cramberg
Schleuse Cramberg
Säukopp
Holzappelerhütte
Scheidt
Hütte
Zechenhof
Mittel-Stephan
Bergerhof
Langeberg
Eschenauer Berg
Birkenhof
Lahnhöhenhof
Laurenburg
Lahn
NSG
Gabelstein
Weidenheck
Hölloch
Zum Lahntal
Weinährerhütte
Dörnberg
Oranierroute
Bahnhaus
Schöne Aussicht
Rupbach
Steinsberg
Robertshof
Küppel
Waldhof
Lahntal
Weinähr
Obernhofermühle
Leopoldine-Luise
Goethepunkt
Paulseich
Kalkofen
Wolfslei
Gutenacker
Königsberg
Justusmühle
Lindenhof
Gasteyers-mühle
Schiefer
Schmidtmühle
Heckelmannmühle
Wasenbach
Obernhof
Berns
Kloster Arnstein
Klostermühle
Schillertempel
Schleuse Kalkofen
Eichenauer Berg
Häuserhof
Brunnenburg
Burgkopf
Katzenelnbogen
Seelbach
Eschenhof
Antoniushof
Vierseenblick
Bremberg
Steckenberger-mühle

❺ in **Scheidt** weiter auf der *Laurenburger Straße* östlich am Ort vorbei und in Kehren weiterhin steil bergab nach **Laurenburg**

❻ in der Spitzkehre → rechts in die *Hauptstraße* hinunter zur Lahn

❼ → die *Hauptstraße* mündet in die *B417* ein, dieser folgen → nach 2,5 km weiter auf dem Radweg entlang der Lahn nach **Obernhof** bis zur Lahnbrücke, unter dieser hindurch

❽ rechts auf die *Hauptstraße (B417)* → rechts auf der Brücke über die Lahn, durch die Bahnunterführung und der *Seelbacher Straße* folgen

❾ → rechts in die *Arnsteiner Straße* und kurz steil bergauf zum **Kloster Arnstein** (Heiliges Orthodoxes Kloster Dionysios Trikkis & Stagon). Die Straße ist schmal, die Serpentinen sind eng und die Sicht für Rad- und Autofahrer eingeschränkt. Am besten auf der linken Seite der Straße das Rad schieben.

❿ Durch den Wald im Auf und Ab am Hang entlang zur **Schleuse Hollerich**, an der folgenden Weggabelung → rechts, an einem Haus vorbei und der Straße im rechten Winkel nach links folgen und dem Uferweg bis **Bergnassau-Scheuern** folgen

5 In **Scheuern** an der **T-Kreuzung** links auf die *B260* → gleich rechts in die *Schulstraße*, dann rechts in die *Glockenstraße* hoch zur **Burg Nassau**

11 An der **T-Kreuzung** → rechts auf die *B260* zur **Lahnbrücke**

Diese für einen Besuch des Zentrums von **Nassau (Lahn)** überqueren.

6 → rechts in die *Grabenstraße* → nach dem Parkhaus → rechts in die *Eintrachtgasse*, in vielen Serpentinen an den Heinzelmannshöhlen und Aussichtspunkten vorbei gleichmäßig ansteigend zum **Concordiaturm**.

17 weiter geradeaus auf der *Römerstraße* durch den Kurort bis zur Malbergklinik (rechts) → links in die Straße *Am*

12 geradeaus weiter auf dem Radweg neben der Bundesstraße bis zum **Gewerbegebiet Koppelheck**, hier die Bundesstraße verlassen und

13 → links auf die Straße *Koppelheck*, am Gewerbegebiet und der Kläranlage vorbei und an der Lahn entlang zu den ersten Häusern von **Dausenau**

14 der Radweg mündet in die Straße *Auf dem Werth*, dieser bis zur T-Kreuzung folgen → rechts die Brücke über die Gleise nehmen und bis zur Bundesstraße/**Lahnbrücke** fahren

Diese für einen Besuch des historischen Zentrums von **Dausenau** queren.

15 → vorher links abbiegen und an der Lahn bis **Bad Ems** fahren, der Radweg mündet in die *Mainzer Straße* ein, hier → links und vor zum *Bahnhofsplatz*

16 links an der Touristinformation Bad Ems vorbei und in die *Bahnhofstraße*, über die **Bahnhofsbrücke** in die *Lahnstraße* → links der *Lahnstraße* zur Kreuzung am Platz *Am Robert Kampe Sprudel*

Alten Rathaus und vor bis zur Kreuzung → rechts in die *Viktoriaallee* bis zur **Emser Therme**

7 nach der **Emser Therme** → rechts in den *Oranienweg*, die *Römerstraße* geradeaus queren und weiter auch der *Bleichstraße* zur Kreuzung → rechts in die *Alte Kemmenauer Straße*, an der nächsten Kreuzung → rechts in die *Otto-Balzer-Straße* und in einem Linksbogen zu einer Spitzkehre, diese ausfahren, danach → rechts in die *Dr.-Waldemar-Kühnel-Promenade*, dem kurvenreichen Weg zum

8 **Bismarckturm** folgen

18 bei der **Emser Therme** weiter auf der *Viktoriaallee* bis zur Straßenbrücke (*B261*) über die Lahn (**Remy-Brücke**)

19 die *B261* geradeaus queren und weiter auf der *Jahnstraße* am Lahnufer entlang bis **Fachbach**, unter der Straßenbrücke hindurch und immer am Lahnufer nach **Bad Lahnstein**

LAHNSTEIN
NIEDER-
LAHNSTEIN
OBER-
LAHNSTEIN
BRAUBACH
RHENS
Brey
STOLZENFELS
Frücht
FRIEDRICHS-
SEGEN
RHEIN
Lahn
Route der Rheinromantik
Bäderstraße
Rheingoldstraße
Niederlahnstein Stadtwald
Koblenzer Stadtwald
Rhenser Wald
Oberlahnsteiner Stadtwald
Braubacher Stadtwald
319 Lichter Kopf
Ruppertsklamm
Mehrsberg
Gr. Mühlberg
Hof Hahlgarten
Königsbach
Dommelberg
Vorgeschichtliche
Ringwälle
Siechhaustal
Johanneseiche
Kühkopf
Fernmelde-
turm
Hasenberg
Heuweg
Wald-
schwimmbad
Augustahöhe
Vorgesch.
Gräberfeld
Schloss Stolzenfels
Loßkopf
Schüllerhof
Eiserne Hand
Geisenberg
Auf dem Gesetz
Römische Siedlung
Merkurtempel
Hs. Waldfriede
Halbtritz
Maulbeerkopf
Philippsberg
Viktor-Jaeger-
Stiftung
Königsstuhl
Mühlental
Eisenberg
Weltfriedens-
kreuz
Unterste
Oberste
Mittelste
Mühle
Wolfsdelle
Mönchsdelle
Kriesenkopf
Kieselberg
Kronenhof
Langackerberg
Sauerbrunnen
ZIEL
Nieder-
lahnstein
Aller-
heiligen-
berg
Hohenrhein
Wolfsmühle
Zum Schleusen-
häuschen
Kloster
Friedland
Weißmühle
Ahl
Burg Lahneck
Hafen
Stadt-
mus.
Oberlahnstein
Martins-
burg
CCO-
Fastnachts-
museum
Viktoria-
brunnen
Rhenser-
brunnen
Scharfer
Turm
Feldberg
Lahnstein
auf der Höhe
Hof Aspich
Ahlwegskopf
St. Martin
Weihertal
Bergbau-
museum
Süß-
grund
Biebricher Kopf
Oberlahn-
Biebricherhof
Haus Jungfried
Schrotweiser Berg
Rabenstein
Auf den Schlägen
Stadtwald
Oberhohl
Fladenberg
Hofgut von
Bissingen
Im
Einmuth
Königstiel
Schacht
Königstiel
Pickert
Löhrchen
Im Mühltal
Helberstiel
Hartenfels-
Mühle
Molkenborn
Blei- u.
Silberhütte
Marksburg
Philippsburg
Eichenstück
Steins
Gruft
Huttental
Kühborn
Grundbesbach
Spießborn
Schlierbach
Mühlbach
Obersberger Bach
Auf der Ahl
Lichte
Eichen

⑳ nach der **Brücke nach Friedrichssegen** → rechts ab und auf der *Emser Straße* zum **Campingplatz Runkel** → links und bei der Pizzeria rechts und weiter am Lahnufer entlang, unter der Eisenbahnbrücke hindurch, an der **Schleuse Lahnstein** vorbei, unter der Straßenbrücke hindurch und weiter zum **Historischen Wirtshaus an der Lahn**

⑨ vor dem Wirtshaus → rechts zur *Lahnstraße* → links in die *Lahnstraße* → links auf der *Brückenstraße* die Lahn queren und dieser geradeaus folgen

⑩ nach der **Kirche Oberlahnstein** → links in die *Nordallee*, dieser rechts vor zum Krankenhaus folgen, weiter auf der *Ostallee*

⑪ die Unterführung nehmen und am folgenden Kreisverkehr geradeaus auf den *Rheinhöhenweg*, dem kurvenreichen Verlauf bis zu einer Rechtskurve folgen

⑫ dort→ links in die Straße *Am Burgweg* und auf dieser am Freibad Lahnstein vorbei bis zur **Burg Lahneck**.

⑩ Bei der **Kirche Oberlahnstein** → rechts in die *Westallee* → rechts in die *Kirchstraße*, nach der Bahnunterführung geradeaus zum Rhein

⑬ → links bis zum **Schloss Martinsburg**, um das Schloss Martinsburg herum und am Rheinufer entlang zur *Bundesstraße*, dann auf dem Radweg parallel zur Bundesstraße nach **Braubach** bis zum **Kriegerdenkmal**

⑭ danach am Parkplatz → links die Bundesstraße und die Gleise unterqueren → links zum *Marktplatz*, in die *Untermarktstraße (Einbahnstraße)*, an der Barbara-Kirche vorbei weiter auf der Untermarktstraße zur *Obermarktstraße* → links und gleich → rechts in den *Hahnweg*. Von dort zu Fuß zur **Marksburg**.

㉑ vom **Historischen Wirtshaus an der Lahn** weiter am Fluss entlang bis zur **Einmündung der Lahn in den Rhein**

㉒ weiter am Rhein entlang an den Sportstätten und der Rheinterrasse vorbei

㉓ → rechts in die *Goethestraße* und durch die Unterführung zum

㉔ **Bahnhof Niederlahnstein/Ziel**

Weiterfahrt nach Koblenz

15 Bei der Abzweigung Goethestraße geradeaus dem Rheinweg Richtung flussabwärts folgen, die Südbrücke und die Bahnbrücke unterqueren und vor bis zur **Pfaffenbrücke**, die Auffahrt nehmen und den Rhein queren.

16 Die Pfaffenbrücke nach links verlassen und in einem LInksbogen zum Rhein fahren

17 → links am Rheinufer entlang zum **Deutschen Eck,** auf gleichem Weg zurück zur **Pfaffenbrücke**, geradeaus weiter am Rhein entlang zum Fähranleger und weiter am Rheinufer entlang flussaufwärts, am Schloss vorbei, unter der Rheinbrücke hindurch bis zum **Hotel Kleiner Riesen**

18 → rechts in die *Januarius-Zick-Straße/Markenbildchenweg*, die *Hohenzollernstraße* queren und geradeaus zum **Hauptbahnhof Koblenz.**

LAHNSTEIN
NIEDER-LAHNSTEIN
OBER-LAHNSTEIN
BRAUBACH
RHENS
STOLZENFELS
RHEIN
Lahn
Route der Rheinromantik
Bäderstraße
Rheingoldstraße
ZIEL
235
230
15
42
260
327
9
Königsbach
Lichte Eichen
Dommelberg
222
Vorgeschichtliche Ringwälle
Kühkopf
Koblenzer
Kühborn
Siechhaustal
Johanneseiche
Fernmelde-turm
382
Hasenberg
273
Heuweg
Wald-schwimmbad
Augustahöhe
Vorgesch. Gräberfeld
Schloss Stolzenfels
Loßkopf
Stadtwald
335
Schüllerhof
281
Eiserne Hand
Geisenberg
Auf dem Gesetz
Dicke Eiche
Römische Siedlung Merkurtempel
328
Hs. Waldfriede
Halbritz
191
Maulbeerkopf
398
380
Philippsberg
Viktor-Jaeger-Stiftung
Königsstuhl
189
Rhenser
318
252
Mühlental
Eisenberg
Weltfriedens-kreuz
Oberste
Mittelste
Unterste
Mühle
Wolfschelle
159
Mönchsdelle
Kriesenkopf
270
Wald
193
123
319 Lichter Kopf
Niederlahnst Stadtwald
Hohenrhein
Ruppertsklamm
NSG
Mehrsberg
320
Aller-heiligen-berg
Wolfsmühle
Zum Schleusen-häuschen
Kloster
Friedland
Weißmühle
Ahl
Auf Ahl
Burg Lahneck
Nieder-lahnstein
Hafen
70
64
Stadt-mus.
80
Oberlahnstein
Martins-burg
CCO-Fastnachts-museum
74
Viktoria-brunnen
Rhenser-brunnen
65
73
63
Scharfer Turm
Sauerbrunnen
260
Feldberg
Lahnstein auf der Höhe
Hof Aspich
Ahlwegskopf
230
243
St. Martin
Weihertal
197
Fladenberg
Im Einmuth
189
Hofgut von Bissingen
Schillerbach
Stadtwald
Oberhohl
279
Königstiel
Schacht Königstiel
Pickert
133
Löhrchen
Im Mühltal
Mühlbach
Hartenfels-Mühle
95
Helberstiel
285
Molkenborn
Blei- u. Silberhütte
Gr. Mühlberg
Früchţ
205
71
Eichenstück
204
Hof Hahlgarten
Schweizertal
Steins Gruft
Bergbau-museum
81
FRIEDRICHS-SEGEN
Süß-grund
105
Biebricher Kopf
166
Oberlahn-
Biebricherhof
Ober-
Huttental
201
Haus Jungfried
Schrotweiser Berg
307
steiner
Rabenstein
227
lahnsteiner
Auf den Schlägen
Spießborn
Stadtwald
Kühkopf
212
380

Zeit, den Akku aufzuladen

Deine Radreise soll ein unvergessliches Erlebnis werden. Dazu gehört auch das Aufladen der Akkus sowohl von Mensch als auch Maschine. Verlässliche und aktuelle Informationen hierzu finden sich auf den Seiten der Tourismusverbände und Tourist-Information der Orte.

ANREISE & ABREISE

Alle Start- und Zielorte sind mit Bus und Bahn zu erreichen. Die Mitnahme von Fahrrädern in Zügen/Bussen wird allerdings sehr unterschiedlich gehandhabt und ist zeitlichen Einschränkungen unterworfen. Informiere dich deshalb vorab:

Deutsche Bahn
www.bahn.de/service/individuelle-reise/bahn_und_fahrrad

www.tourenplaner-rheinland-pfalz.de/de/hinweis/mit-bus-und-bahn-im-lahntal-unterwegs/36046794/

TOURENPLANUNG

Beachte bei der Tourenplanung, dass viele stadtnahe Radwege an Wochenenden und Feiertagen stark frequentiert sind. Reserviere deine geplanten Übernachtungen vorab, vor allem, wenn du mit mehreren Personen oder in der Hochsaison unterwegs bist. Informationen zu Übernachtungsmöglichkeiten kannst du auf den Seiten der jeweiligen Tourismusverbände finden.

UNTERWEGS MIT KINDERN

Passe die Fahrstrecke den Bedürfnissen und Fähigkeiten deiner Kinder an. Durch die flache Wegführung und die vielen Einkehrmöglichkeiten direkt am Weg sind alle Abschnitte für Kinder geeignet. Nutze die lohnenswerten Schlenker und andere interessante Ausflugsziele unterwegs (Tier- und Naturparks, Badeseen, Minigolfanlagen usw), um die Radtour abwechslungsreich zu gestalten. Genügend zu Trinken, etwas Obst und vor allem Badesachen sollten nicht fehlen.

ZENTRALE INFORMATIONSQUELLEN

Lahntal Tourismus Verband e.V.
Tel. 06441 309980
www.daslahntal.de

Ferienland Westerwald-Lahn-Taunus
Schiede 43, 65549 Limburg
Tel. 06431-296221

Lahn-Taunus-Touristik
56337 Nassau/Lahn
Tel. 026442-933019
www.lahn-tourismus.de

Tourist-Information Nassauer Land e.V.
Am Alten Rathaus 1
56130 Bad Ems
Tel. 02604-931100
www.nassau-touristik.de

Freizeitregion Lahn-Dill
35576 Wetzlar
Tel. 06441-4071900
www.lahn-dill-kreis.de

ORTE & TOURISMUS-BÜROS

BAD EMS
Stadt- und Touristmarketing
Bahnhofplatz
56130 Bad Ems
Tel.+49 (0)2603-94150
www.bad-ems.info

BAD LAASPHE
Tourismusbüro
Wilhelmsplatz 3
57334 Bad Laasphe
Tel.+49 (0)2752-898
www.tourismus-badlaasphe.de

BALDUINSTEIN
Fremdenverkehrsamt
Hausen 2a
65558 Balduinstein
Tel.+49 (0)6432-83165
www.balduinstein.de

BIEDENKOPF
Rathaus
Hainstraße 63
35216 Biedenkopf
Tel.+49 (0)6461-7040
www.biedenkopf.de

BRAUNFELS
Tourismusbüro
Hüttenweg 3
33619 Braunfels
Tel.+49 (0)6442-3030
www.braunfels.de

CALDERN
Gemeinde Lahntal
Oberdorfer Str. 1
35094 Lahntal
Tel.+49 (0)6420-82300
www.lahntal.de

CÖLBE
Rathaus
Kasseler Str. 88
35091 Cölbe
Tel.+49 (0)6421-98500
www.coelbe.de

DAUSENAU
Tourismus
Ortsgemeinde Dausenau
56132 Dausenau
Tel.+49 (0)2603-6129
www.bad-ems.de

DIEZ
Tourismusbüro
Wilhelmstraße 63
65582 Diez
Tel.+49 (0)6432-9543211
www.vgdiez.de

GIESSEN
Tourismusbüro
Schulstraße 4
35390 Gießen
Tel.+49 (0)641-3061890
www.giessen-tourismus.de

HEUCHELHEIM
Tourismus Landau Land
Hauptstr. 4
76829 Leinsweiler
Tel.+49 (0)6345-3531
www.heuchelheim-klingen.de

LAHNSTEIN
Tourismusbüro
Salhofplatz 3
56112 Lahnstein
Tel.+49 (0)2621-914171
www.lahnstein.de

LAURENBURG
Tourismusbüro
Wilhelmstr. 63
65582 Diez/Lahn
Tel.+49 (0)6432-9543211
www.rhein-lahn-info.de

LIMBURG
Verkehrsverein
Barfüßerstraße 6
65549 Limburg
Tel.+49 (0)6431-6166
www.limburg.de

LÖHNBERG
Gemeindeverwaltung
Obertorstr. 5
35792 Löhnberg
Tel.+49 (0)6471-98660
www.gemeinde-loehn-berg.de

LOLLAR
Stadtverwaltung
Holzmüllerweg 76
35457 Lollar
Tel.+49 (0)6406-9200
www.lollar.de

MARBURG
Tourismus und Marketing
Biegenstraße 15
35037 Marburg
Tel.+49 (0)6421-99120
www.marburg.de

NASSAU
Tourismusbüro
Obertal 9
56377 Nassau
Tel.+49 (0)2604-95250
www.nassau-touristik.de

OBERNHOF
Verkehrsverein
Neuhäuser Weg 1
56379 Obernhof
Tel.+49 (0)2604-941238
www.obernhof.net

RUNKEL
Tourismusbüro
Burgstraße 23
65594 Runkel
Tel.+49 (0)6482-916160
www.daslahntal.de

ΚΝΩΣΣΟΣ

FINDE
Deinen Augenblick
Der Autor deiner Abenteuer bist du. Halte sie in unserem neuen Tourenbuch fest und mach deine Bike-Touren unvergesslich.
©mRGB - stock.adobe.com
KOMPASS
Fahrradlust
FAHRRAD
TOURENBUCH

1. Auflage 2022 Verlagsnummer 6928 ISBN 978-3-99121-327-7

Text: Raphaela Moczynski

Titelbild: Limburg an der Lahn (Foto: ©EKH-Pictures - stock.adobe.com)

S. 4-5:© Comofoto – Stock.adobe.com
S. 6-7 oben:© Heiko Müller– Pixabay
S. 6-7 u., S. 42-43:© Olha Rohulya – Stock.adobe.com
S. 8-9 oben, S. 66, S. 68-69, 69 unten, S. 71, S. 192-193:© Dominik Ketz/Stadt Wetzlar
S. 8-9 u., S. 74-75:© TwilightArtPictures – Stock.adobe.com
S. 10-11 oben, S. 88-89, S. 128-129:© Mojolo – Stock.adobe.com
S. 10-11 u., S. 110-111, S. 120-121 unten:© EKH-Pictures – Stock.adobe.com
S. 12-13: © DisobeyArt – stock.adobe.com
S. 14-15; S. 16-17: © Ira Budanova – stock.adobe.com
S. 18-19: © rustamark – stock.adobe.com
S. 20-21: © YesPhotography – stock.adobe.com
S. 22-23: © dusanpetkovic1 – stock.adobe.com
S. 24-25: © Diamant Fahrradwerke GmbH
S. 26-27: © Pawel Michalowski – stock.adobe.com
S. 30-31 oben:© Heiko Müller – Pixabay
S. 31 unten, S. 32, S. 47, S. 62, S. 106-107, S. 112-113:© Hans-Peter Vogt
S. 34-35:© Thomas Rychly/TKS Bad Laasphe GmbH
S. 35 unten:© VW/TKS Bad Laasphe GmbH
S. 37, S. 39 beide, S. 40:© Touristinformation Stadt Biedenkopf
S. 44:© Stefan Aumann
S. 45:© Sabrina Schäfer/Gemeinde Dautphetal
S. 48-49:© Holger Langmaier – Pixabay
S. 48:© Erich Westendarp – Pixabay
S. 51:© Frank Wagner – Stock.adobe.com
S. 52:© Philip von Geyr – Pixabay
S. 53:© Cattlin – Pixabay
S. 54-55:© Silke Koch – Stock.adobe.com
S. 56:© Gemeinde Erbsdorfergrund
S. 57:© Freilichtmuseum Zeiteninsel
S. 58:© copula – Stock.adobe.com
S. 60:© Katrina Friese/Burghotel Staufenberg
S. 61:© Terry U. Weller– www.pixelio.de
S. 64:© Rolf K. Wegst/Mathematikum
S. 65:© Liebig-Museum und –Laboratorium Gießen
S. 67:© Rosel Eckstein– www.pixelio.de
S. 72-73:© RitaEDominik – Pixabay
S. 76 und 77:© Xavier Fer/Geowelten Fortuna e.V.
S. 76-77:© Schloss Braunfels
S. 81:© Lahntal Tourismus Verband e.V.
S. 83:© Stadt Weilburg
S. 84:© Ulrich Velten– www.pixelio.de
S. 85:© Tobby270 – Pixabay
S. 86-87:© Michel Labatut – Pixabay
S. 90 und 91:© Höhlenverein Kubach e.V.
S. 93:© Lahn-Marmor-Museum
S. 95:© LappingPictures – Stock.adobe.com
S. 96:© Frank – Stock.adobe.com
S. 97:© sehbaer – Stock.adobe.com

S. 98:© Ulrich Noak– www.pixelio.de
S. 100:© angieconscious– www.pixelio.de
S. 101:© Thorsten Wagner/Stadtmarketing Hadamar
S. 102-103 oben:© Einfach Eve – Pixabay
S. 102-103 unten:© travelvie – Stock.adobe.com
S. 104-105:© David Mark – Pixabay
S. 104:© riebevonsehl – Stock.adobe.com
S. 108-109:© VGTFF – Pixabay
S. 114-115:© Birgit Reitz-Hofmann – Stock.adobe.com
S. 116-117:© fotografici – Stock.adobe.com
S. 119:© eve – Stock.adobe.com
S. 120-121 oben:© Sina Ettmer – Stock.adobe.com
S. 122-123, S. 126:© Katja S. Verhoeven – Pixabay
S. 124-125:© Dominik Ketz
S. 127 beide, S. 130 und 131:© Stadtverwaltung Lahnstein
S. 132:© Laurenx – Stock.adobe.com
S. 133:© Ulrich Prümm – Pixabay
S. 134-135:© Tombal1912 – Pixabay
S. 171:© Thorsten Wagner – onemorepicture
S. 184/185:© Ulrich Velten– www.pixelio.de
S. 188/189:© Csar-Fotografie– Pixabay

Grafische Herstellung: Raphaela Moczynski
Kartenausschnitte: © KOMPASS-Karten GmbH
Kartengrundlage für Extra-Tourenkarte: © MairDumont, D-73751 Ostfildern 4

KOMPASS-KARTEN GMBH
Karl-Kapferer-Straße 5, A-6020 Innsbruck
www.kompass.de/service/kontakt